フリーター論争2.0

編者
有限責任事業組合フリーターズフリー

フリーターズフリー
対談集

人文書院

はじめに

二〇〇七年は、格差／貧困／飢えに抵抗する運動が大きく前進した年である。首都圏青年ユニオン、グッドウィルユニオン、反貧困ネットワーク、POSSE、フリーター／非正規労働者ユニオンふくおか、さらに有名無名の数々の草の根の活動が、目覚ましい成果を挙げてきた。しばしばレッテルを貼られるような「お祭り騒ぎ」ではない。底辺労働者による「権利のための闘争」であり、法の遵守を求める地道な戦いである。そして同時に、それは、無条件の生の肯定（生存権）——低賃金労働者ばかりか、働け（か）ない人たちをふくむ——を求める「生存運動」でもあった。

しかし、これらの労働＝生存運動は、早くもメディアや世間から飽きられ、食傷され始めている。「フリーター」「ひきこもり」「ニート」「ワーキングプア」「ネットカフェ難民」…。新しい言葉が次々と取り上げられては、お祭り的にネタとして消費されていく。大きな物語（イデオロギー）のないポストモダン社会では、労働＝生存運動自体がローカルな現実にすぎない、「永遠のモグラたたき」を「いつまでやっていてもきりがない」（小熊英二）、という冷淡な声すらある。そして好況期の底上げによって、貧困は自然消滅していくだろう…。今も昔も、貧困をめぐる戦いは、貧困を存在しないものにしたがる力と、それを目に見えるものとして可視化していく力との、攻防線上にある。いや、もっと自分の胸に正直に問えば、長年現場に根を張って活動する人を除いて、われわれの多くがすでに限界と疲弊を、心のどこかでは退屈すら、感じていないか。しかし、問題はその先にある。「祭りのあと」的な空気と弛緩の中でこそ、一人ひとりの中で、運動と支援の意味がもう一度自己検証されていくからだ。

本書に収められたトーク／争議／宴は、現在の労働＝生存運動を、新しい局面、ネクストステージへと押し上げようとする気配と予兆にみなぎっている。

「1」では労働と戦争、「2」では男性フリーターと女性フリーター、「3」では非正規労働者と正規労働者、「4」では当事者と支援者、「5」では直接行動と暴力、あるいは関東圏と北九州をめぐって、言葉が尽くされる。フリーター的な現実が「別の」現実へとリンク＝接合し、新たな陣地が獲得される。上っ面の連帯、きれいごとの連帯ではない。時に生じる激突や敵対性の火花を避けていない。

たとえば栗田隆子は、女性フリーターがつねに「男の貧困」の背景に追いやられてきた事実を批判する。女性たちは昔から（景気の安全弁として）パート・アルバイト労働を担わされてきた。しかも『不登校は終らない』『不登校、選んだわけじゃないんだぜ！』の貴戸理恵氏がいうように、「男並みのキャリアウーマンか、結婚して主婦になるか」という図式自体がすでに「牧歌的」に見える。栗田は言う。「結婚もできない、仕事もできない、華やかに女性性を生きられるわけでもない状態の女、それは「ないもの」ではなくて現に存在している、そこからはじめなければどうしようもない。」色々な意味で「ブスで、モテない」、そんな「女」だとしてもそれで「上等」、その「開き直り」から始めるのが（少なくともウーマンリブ以降の）「女」の本懐だ、というのだ。労働運動の「マリア」こと雨宮処凛氏の記念碑的著作『生きさせろ！』が現代版『日本の下層社会』だとすれば、現代版『女工哀史』の本格的登場が――しかも女性当事者の手で書かれることが――待たれている。しかし「2」の内容を「女フリーターの連帯」とはまとめられない。詳しくは本文を注意深く読んでほしいが、そこでは、栗田／雨宮／貴戸各氏の差異が、理想的共同性のイメージをめぐって露出する――女性コミュニティ（「敵」は「男」）／男性コミュニティ（「敵」は「女性」）／子ども的関係（「敵」は「（学校的）集団」）のずれとして。しかしそれすら、たとえば子育て中の女性、シングルマザー、開発後進国の女性たちから見れば、「三〇代前半独身女のリアリティ」にとどまるかもしれない。

大切なのは、これらのプリズム多層性の中で、フリーター概念を書き換え、ヴァージョンアップしていくことだ。問いは、明治期以降の女性解放運動・ウーマンリブ・フェミニズムの歴史、家事・介護労働（アンペイド・ワーク）論や第三世界論などともリンク＝接合されていく。

しかしそこには《暴力》の気配と予兆が満ちている。

「1」では「フリーターの希望は戦争か」という不穏なテーマが語られる。赤木智弘氏は、「平和」「総中流」というフィクションの下に、高度成長世代／氷河期世代の間の格差が見えないものとされている限り、すべてを「ロスト」したフリーター世代は、先行世代の既得権を根本的に破壊し社会を流動化させるための《戦争》を望むしかない、と宣言する。赤木氏の論は物議を醸した。小手先の改良や改善ではすまない。既得権を手付かずにしたネオリベラルも否定される。絶対的な「破壊と流動化」こそが、真の平等と「下克上」を実現するための必要条件だ、と。

ちなみに「1」の三人は全員一九七五年生れ、一九九五年には二〇歳。一九九五年は戦後五〇年目の節目であり、阪神淡路大震災／オウム真理教による地下鉄サリン事件／日経連の『新時代の『日本的経営』」発表、などが重なった年である。戦後社会の価値観が一度根こそぎにされたのだ。実際、赤木氏的な精神の特性は「右」も「左」も信用しないニヒリズムにある（それはかつてはパンク右翼で今はガチ左翼の雨宮処凛氏の中にもある揺らぎだろう）。重要なのは、自称「ロストジェネレーション」の多くが一度は深くその破壊と流動化に魅せられたこと、享楽をあじわったこと、そしてそれを忘却しつつ「純粋被害者」の立場を獲得していった事実を思い出すことだ。右か左か、ナショナリズムかグローバリズムか、「ニート論壇」か理論かという思想地図とポジショニング合戦はどうでもいい。それらを欲望させる内的な「何か」をもう一度みつめなおしたい。少なくともあの時、必要なのは戦争でも革命でもない、と一度は信じたならば。

　しかも赤木氏の不穏さは、「破壊と流動化」への欲望のみならず、他人に執拗な言行一致を迫ることにある。ワークシェアやらベーシックインカムやらのお題目を唱えるなら、まずは自分の既得権を破壊し、差し出せ、と。それは「責任倫理」（結果を出す責任、また現実の結果に対する責任）の「心情倫理」（意図の純粋性への自己満足）への解消を許さず、その矛盾と「孤独の中で闘う」ことを強いる「神的暴力」（大澤真幸）と言える。この水準は決定的にみえる。しかしそれは、ごく卑近な話として、自分たちの側にも跳ね返ってくる。たとえば杉田は、かつて交通事故で他人を怪我させ借金を作ったこと、その金を親に借りたことを述べている。そこには「親の資産」という卑近な既得権があった。「親の恩恵でいまがある、っていうのはもう容赦なくそうなんです。別に親も金持ちじゃないですよ。普通の中流家庭の老後の資産をぶんどって、いまここで自分が生きているわけですから」。

　かつて石川啄木が「時代閉塞の現状」を言った時、それは被害者的に「自己主張の強烈な欲求」をまきちらすことではなく、青年たちが「総て国家に就いての問題に於ては（略）全く父兄の手に一任している」こと、本当にたたかうべき相手を見出せていないこと、それは「強権を敵とし得る境遇の不幸よりも更に不幸なものである事」を明らかにするものだった。それこそが真の「閉塞」であり、その閉塞を「自ら承認」することなしには「明日の考察」に着手できない、と。すると問題は、この水増しの上で、労働＝生存についてどんな「明日の考察」ができるか、にある。「ほんとうだったら、社会との戦争を希望する前に、目の前の親ともっと葛藤や戦争があっていい」（杉田）。

じわじわと不穏な空気に覆われつつあるのは、もちろん非正規雇用者の生活だけではない。『内側からみた富士通――「成果主義」の崩壊』『若者はなぜ3年で辞めるのか？』等の著作で城繁幸氏は、会社の中に充満する暴力のありようを内部告発する。年功序列という昭和的古層を残存させたまま成果主義を輸入＝植樹した結果、目標管理の名目のもと、従業員に「上から下へのブレイクダウン」＝抑圧委譲が生じる。社内の空気は異様に殺伐としている。不満で暴発した社員が鉄パイプで車を破壊したり、毎月どういう形かで社員が二三人亡くなったり（城氏はシンドラーさながらに遺族への補償の書類的手続きを延々とやり続けていたという）、ネット上の社内掲示板は「ゲシュタポ掲示板」と呼ばれていたり…。正職員たちの労働環境は、今も昔も、安定した凪《なぎ》や無風状態にはない。しかしプレカリアートには、かれらは「甘い汁を吸っている」という「正職員に対する幻想」があり（雨宮氏）、その労働環境や生活をうまく想像できない。

ここでも争点の一つは、人は自らの既得権を――痛みとともに――他人に分配し与えられるか、にあった。城氏の基本スタンスは――「小泉内閣は戦後最大の内閣」という爆弾発言といい――いっけんネオリベラルにみえる。しかし大事なのは、城氏が、富士通の人事部という自力でつかんだポストを自ら放棄し、会社的暴力への迎撃と内部告発を尽くしたあとに、なおそれを主張し続けている事実にある。『踊る大走査線』の警視庁のキャリア官僚（室井）と現場の一巡査部長（青島）の関係のような、離れた場所で互いに同じ理念を目指して戦う、という間接的連帯はありうる。被害者意識を膨張させるだけでは、他人と本当に結びつくことはできない。大澤信亮がくりかえすのは、フリーターが他人に要求する主張（＝われわれを生きさせろ！）を、自分たちへも、いやこの自分へも平等に適用することを試み続ける時（＝自分以外の誰かを生きさせよう！）、はじめてその主張が「物凄く強くなる」ということだ（ちなみに、雨宮氏の「生きさせろ！」は、国・企業・他者への要求のみならず、「おまえ（の精神）は死にたいけど、おまえの肉体を生きさせろ」という一見奇妙な、メンヘル的・リスカ的な個体性の感覚をふくむ）。

もちろん他人事ではない。グローバル化と人口減少の中で、フリーターもまた、たとえば諸外国人労働者や移民たちとの競合＝協力関係の渦中にある。そのゆくえは両義的である。少なくとも、経団連は、国内の労働者不足の解決策として、まず女性の存在に注目し、その次にはフリーターではなく外国人労働者を活用したがっている。この徹底したフリーター嫌悪には、確かに何かがある。しかし城氏によれば、これは、一〇〇年に数度のチャンスかもしれない。既得権層を動かすには、内発的倫理（思いやり？）に訴えてもダメで、具体的な外圧によるしかないが、人口減少ゆえに大手をふくむ企業による若年労働力の奪い合いが起きているならば――外国人労働者との関係さえうまくできれば――、「状況が変わる余地がある」からだ。軋轢と敵対性の中にチャンスがある。そのとき必要なのは、「社会を変える」ことと同時に「自分を変える」ことだろう。「内圧を高めることで初めて外圧をチャンスに変えられる」。

福岡・埼玉・川崎をスカイプで繋いだ「5」の討議もやはり、暴力的なものの周りを旋回する。メディアは「運動＝こわいもの」というレッテルを執拗に貼る。しかし同時に、運動を行う人々の内部にも、連合赤軍事件／内ゲバ／東アジア反日武装戦線のテロなどの経験と記憶から、論争や敵対性へのトラウマが刻まれている。しかし、見かけの平和や協調路線の名のもとにそれを避けて通るなら、むしろ、暴力は別の形で回帰して来る。現在の主張であるリベラルVSネオリベラル、ナショナルVSグローバルという政治経済的対立は、実は六八年前後の暴力性から頭一つ低い水準で戦われているのかもしれない。

「北九州」に根ざす労働＝生存運動を展開するフリーター／非正規雇用労働者ユニオンふくおかの小野俊彦氏によれば、デモなどの直接行動は、日常の中に覆い隠されている資本家／労働者の間の敵対性を、顕在化させるものだ。それは米騒動／一揆／打ちこわしの系譜にある。何かを否定し破壊するだけではない。路上にダイレクトに「公共空間」を出現させる。小野氏にすらかつて「デモアレルギー」があったという。しかし集団性の経験を通して、「かつて必死で守ろうとしていた「自分の感覚」が「徐々に吹っ切られていくような変化」が生じていく。その変化の中で、小野氏は「結局「自分」を守りたいだけの精神のあり方を徹底的に潰したい」という欲望＝批判精神を結晶化させた。小野氏は「アナーキズム」を「集団性が全体化していくことへの警戒」と捉え、「集団的であることと個であることを往復するように動いていかないと危ない」と言う。路上での集団性の経験を通して既存の「自分」を壊すこと、《個であること》の覚醒を通して、はじめてわれわれはあの根源的な暴力に向き合っていけるのかもしれない。

「4」では（運動ではなく）支援のありかたのグラデーションが問われる。野宿者に直接石を投げ火をつけ襲撃することはもちろん暴力である。しかし、貧困者を無関心のまま放置し続けるのも暴力である。にもかかわらず、世の中の多くの人は、直接的暴力はダメだが問接的暴力は許される、と決め込んでいる。この二重基準を疑う時、人は、濃淡はあれ《支援》の経験へとさらされていく。では一層当事者に近づけばいいのか。わからない。しかし確実なのは、支援者こそが善意や愛ゆえに陥る複雑な暴力もまたある、という事実だ。栗田は、「今の社会はおかしい」と主張する活動家が、恋愛関係で「オレの女」という「ステレオタイプな男女の関係」を無自覚に求めてくること、その「落差」の中に何よりも「マッチョ」を感じたという。実際、運動の歴史は性暴力と切り離せない。「当時の左翼活動においてその男女関係が余りにも、男性支配的であることに驚かされる。永田洋子や殺された女性たちの中には、「同志」から強姦された体験のある者さえいる。その行為に対して男たちは全くといっていいほど罪の意識を持っていない。強姦さえ許容されてしまう環境の中では、それこそセクシャルハラスメントは日常化していたようだ」（大塚英志『「彼女たち」の連合赤軍』）。「「青い芝」で女性差別を感じたのは、『さようならCP』という映画を見たときでした。（略）権力の縮図っていうか、自らを強調するあまりに、一人の女性の人権をあんなに無視しちゃって。私、震えちゃった。隠された存在の障害者の社会に、たまたま細い光が差した。男たちは必死だったんだと思う。（略）でも、あの映画は女性差別以外の何ものでもないと思っています」（内田みどり「障害者であり、女であることの狭間で」）。

それだけではない。慎重に論じるべきだが、本書『フリーター論争2・0』では、当事者たちが時に醸成し時に加担するある種の暴力もまた逆照されずにいない。フリーターの希望は戦争、という戦争待望論に限らない。たとえば栗田は、「自分が女だっていうことを釜ヶ崎ではすごく感じてしまって」「視線を感じる」「そこにスッと入ることはできない」と、くりかえし身体的違和を述べる。さらに栗田は「野宿者に対しても支援者に対しても」「ぶっちゃけ恋愛関係、もとい、性愛関係に陥るとかね（苦笑）」と言う。この（苦笑）の中にあるもの…。事実、寄せ場にいるのはほとんどが男性であり、「とくに野宿者や日雇い労働者が女性差別的ということではなくて、単純に男性が多い」ので「女性に被害が集中」（生田）していく。元野宿当事者のそら豆氏が指摘するように、野宿者の中にも、野宿者を排除する一般社会と鏡像的な、その縮小版のような「ボス社会」が形成されてしまう。これは既存の労働組合が経営側と癒着し御用組合化していることと、パラレルだ（だがフリーターズフリーはどうか――栗田は自分がフリーターズフリーの「紅一点」であり、「2」では雨宮氏・貴戸氏とのトークによって「女一人の状態から解放された、うれしい」と言っていた）。

　一九九〇年の釜ヶ崎越冬の時、女性差別と沖縄差別が問題となる。前者は「日雇いをやっている人が女性の支援者を襲」った。活動家の男性たちは事件の報告を受けたが「ほとんど対応できなかった」という。それから週に一回、一年間ずっと総括会議が続く。最初はみな参加していたが、だんだん抜けてゆき、最後は一〇人くらいしか来なくなった。事件と事件後の疲弊から、生田は五年にも及ぶ失語と活動停止に陥る。その経験の上で、生田は言う。「いろんな立場の人が共同で差別と闘っていく」ことは「カントで言えば統整的理念で、絶対に実現できないくらい難しい」と（傍点引用者）。この言葉には「フリーターと野宿者も連帯しよう」という口あたりのいいネットワーキングを許さない凄みがある。しかし、実現不可能だからこそ、それは「ずっと考え続けなければならない」ような「理念」として、あるのだ。

しかし生田の「絶対に実現できないくらい難しい」という認識は、たとえばちろる氏（隅田川で野宿者とともに生活する日雇い労働女性）が、むしろ、野宿者コミュニティに固有の楽しさ、その「豊かな生活」をベーシックに喜び寿《ことほ》ぐことと、矛盾しない。大切なのは、暴力や矛盾を「明らかにした上でなお」、「深刻な活動として出発しないこと」、「笑いに満ち」た活動空間を展開できるということだ。実際「4」は、「さあ、浅草で群れよう。——隅田の仲間達&フリーター」（二〇〇七年六月一九日）という交流／宴のためのイベントから、スピンオフ的に実現した。隅田川でカレーを食べ、おおいに愉しんだ。その繋がりで、「4」には鳥取から武田愛子さんという大学生が参加してもくれた。

多様な他者たちから自己検証と相対化を強いられながら、なおその場を「笑いに満ち」た「宴」として続けていくことはいかに可能なのか。それもまた「絶対に実現できないくらい難しい」ことなのかもしれない。大澤がいう「日常的に支援に関わるわけではなく、お祭りとかイベントのときだけ参加」するというスタンスを、そら豆氏は「いいドコどり」、とやんわり、それゆえ決定的に突き放す。実際、無自覚なままひたすら「当事者消費」「新しい弱者の発見競争」をくりかえす人々は、運動家ばかりか支援者にも少なからずいる。「釜ヶ崎が人権問題の「名所」になっている」。それが悪いとは言わない。無関心＝見殺しよりは多少はマシかもしれない。しかし、そこに、近さゆえにねじれた迷惑や暴力がはらまれていくこと、時にそれは見殺しばかりか直接の暴力以上に直接的な暴力たりうることを、つねに自覚しようと試みるべきだ。さもなければ、単なるその場限り燃え上がっておしまいの「お祭り騒ぎ」と、明日以降の各人の生きるべき場での戦いを本当に活気付ける「宴」との、微細な違いは露呈しないだろう。

以上は、杉田の目から見た『フリーター論争2・0』の一側面にすぎない。本書に収録された議論は、さらにずっと多様で繊細な言葉たちの交響楽としてあると思う。ぜひ、自分の目で確かめてほしい。あなたがあなた自身の生き方、人生に躓《つまず》くことができますように。

本書は広義の「争議」でもある。明治大正昭和の小作争議や労働争議は、労働者が団結して地主・使用者などへと訴えを行うことを意味した。しかしそこには、さまざまな労働者どうしが、遠慮なく、わやわやと自分たちの今と未来について議論し、おしゃべりに興じ、日々の労苦や楽しみを分かち合う、という意味もまたあったろう。しかも、時には、身内間の敵対性や「争い」さえ辞さなかったろう。その意味で本書は、「お祭り」でも「対話」でも「交流」でもない。しかしそれらをすべて包みこんでいると思う。そこには愛とともに批判の毒がふくまれるかもしれない。しかし本書のすべては、名もなきあなた、どこかで何重もの貧困の中に喘《あえ》いでいるあなた、「自分の人生はこんなものさ、運もなかったけど、結局は自分のせいだから仕方ない」という飼い慣らされた奴隷精神へと追い込まれたあなたへと、捧げられる。道徳ではない。その内なる欲望を点火し解放するために。

本書からそんな熱気と緊張を、そして覚醒しつつある次世代フリーターたちの胎動を、体感しわかちあって頂けたら、嬉しく思う。

有限責任事業組合フリーターズフリー
杉田　俊介

目次

1

インターネットラジオ　オールニートニッポン

フリーターの「希望」は戦争か？

赤木智弘×雨宮処凛×杉田俊介

2007年6月8日　渋谷 UPLINK FACTORY

雨宮　今日は、みんな七五年生まれのロストジェネレーションで、氷河期世代で、ろくな目に遭ってない三人です。

赤木　赤木智弘です。フリーターをやっております。『論座』の二〇〇七年一月号で「「丸山眞男」をひっぱたきたい　31歳、フリーター。希望は、戦争。」という原稿を発表しましたら、結構それが評判がいいのかな、悪いのかな。よくわからないですけども（笑）。

杉田　杉田俊介といいます。神奈川県川崎市のＮＰＯ法人で、障害者ヘルパーの仕事をしています。二〇〇五年一〇月に『フリーターにとって「自由」とは何か』という本を出させてもらいました。本が出る以前から、数名の仲間と『フリーターズフリー』という雑誌の創刊に向けた活動をしていたのですが、もろもろ遅れまして、今月ようやく刊行の運びになって、今日は宣伝を兼ねて来させていただいています。

雨宮　今日は、『フリーターズフリー』の刊行記念も兼ねているということで、私も「生きづらさとプレカリアート」という文章を書いています。赤木さんは謎の人なので、経歴を聞いていいですか。出身は公開していないですか？

赤木　栃木です。地元の高校卒業後は、一回東京に出まして、コンピューター関係の専門学校で二年ほど勉強しました。その時期はちょうど一番就職活動的にきつい時期でしたし、自分がその学校で勉強をして吸収できているとも思えなかったので、就職活動に二の足を踏んで、二年ぐらいフリーターをしました。その後いったん小さいプログラム関係の会社に就職するんですけど、一年半ぐらいで精神的にきつくなって辞めまして、しばらく東京で警備のアルバイトをしながら暮らしていたんですが、お金の都合で実家に戻った。それが二〇〇〇年ぐらいですかね。それからいままで、実家でずっとアルバイトをしながら暮らしています。

雨宮　私は杉田さんを『フリーターにとって「自由」とは何か』という本で知ったんですけれども、突然出てきた感がありましたよね。

杉田　もともと日本文学の研究者になりたくて大学院へ通っていたのですが、才能がなくてやめた口です。二五歳くらいのころは目的も希望もなく、コンビニや警備員の仕事を転々としていました。そのころは非常に精神的にきつくって、自分の置かれた状況の苦しさって何なのかということをウェブで書いていたら、それが本になった、という感じです。その後、ホームヘルパーの資格を取って、五年ほど前からは障害者福祉の仕事をさせてもらっています。が、生活は安定とは程遠く、ワーキングプアそのものです（笑）。

雨宮　杉田さんに聞いて面白かった、「ああ」と思ったのは、障害者福祉の仕事をしているわけですけれど、その理由は、「資格が一〇万ぐらいで取れたからなった」と。

杉田　ボランティア精神に燃えて福祉の世界に入る人が多いというイメージがあるかもしれませんが、自分は全然違って、当時は何のスキルも資格もなかったし、自動車免許すらなく、大学の研究員になることだけ夢見ていたから、つぶしが利かない。まったく先が見えないなかでとりあえず資格を探したら、貯金の範囲内で取得できて、割と雇用の口もありそうだったので、ヘルパー2級を取ったんですね。それが始まり。だから動機は不純ですよね。経済状況から仕方なくその仕事をやってみたら、そこそこ面白かったというだけで。

「希望は、戦争。」

雨宮　そんな杉田さんは、赤木さんのこの「希望は、戦争。」論文に対してすごく真摯な応答をしているなと思うんです。この「31歳、フリーター。希望は、戦争。」という文章を説明すると…「平和とは何なのか」と考える夜勤明けの日曜にショッピングセンターに行くと、同世代の人が妻子を連れて歩いている。でも、赤木さんはフリーターで、フリーターだと「就職して働けばいい」とか、すごくバッシングをされている。経済成長世代が好き勝手してきて責任をとらずにのうのうと生きているのに、なぜ不況になったらフリーターがワリを食わなければならないのか。何かすごく不平等である…大ざっぱなまとめなんですけれども（笑）。その果てに「国民全員が苦しむ平等を」ということで、「極めて単純な話、日本が軍国化し、戦争が起き、たくさんの人が死ねば日本は流動化する。多くの若者がそれを望んでいるように思う」と書いている。もちろんその後に、「それでも戦争に向かわせないでほしい」とある。「希望は、戦争」というキーワードの強さもあるんですけど、その前にフリーターの状況、それが全然自己責任じゃないということを懇切丁寧に書いている。「希望は、戦争」に至るまでの分析が、「右傾化」と言われる若者が読むと、自分のことがものすごくわかってしまう。「愛国でごまかしているけど、こういうことだったんだ」と思うと思います。

赤木さんのこの原稿が出て以降、私のところにも読者から「戦争が起こってほしい」というメールが来るんですね。そういう赤木さんの気持ちがすごくわかるという人と、それプラス、赤木さんがここまで言ったことがすごく関係あると思うんですけど、「自分を愛国心でごまかそうとしていたけれども、愛国じゃごまかせないことに気付いた。自分が使い捨て労働力だということをもう認めた」という意見も来るんです。それで、「もう愛国にすがるのはやめた」という意見も来たりして、いろいろな影響を及ぼしているなとつくづく感じます。

赤木 「愛国」という点で言うと、この文章の場合は、「愛国」というのは完全に手段なんですよ。「愛国心」が先にあってではなくて、自分が生活するために愛国心を利用するという考え方ですね。もともと自分は左側の人間ですし、いまも左側だと思っているんですが。

雨宮 すごい平等を望んでいますからね。みんなが苦しむ平等を。

赤木 愛国心というのにも、もう単純なロマンティズムは感じないわけですね。

雨宮 だから赤木さんって、「希望は、戦争。」と言いながら、愛国心のかけらも見えない。

赤木 ないですね。「日本、滅んじまえ」っていう話ですからね、最終的に。

雨宮 そうそう。愛国でないのに「戦争」と言い出す、ここのねじれというか、簡単に「愛国」とか言わないところが面白いなと思っているんです。

「希望は、戦争。」批判への再批判

杉田 その後、年上の左翼系——だけじゃありませんが——の方からいろいろ赤木批判があり、それに対してまた赤木さんが再反論して、ネットをふくめていろいろ反応があったと思うんですが、いかがですか(『論座』二〇〇七年四月号で赤木論文に対する応答が七人の著名人によってなされ、赤木氏による再反論が同誌六月号に掲載された）。

赤木　ある程度予想のうちだったんですけれども、誰からも「ごめんなさい」とか、「力になれなくて申し訳なかった」という話がない。それがちょっと引っ掛かったところです。とくに福島みずほあたりは、私たちが就職するとき、九五年前後には（社会党は）与党にいたんですから。バブル崩壊以降の就職状況と、団塊ジュニア世代の大きさを考えれば、そこで何らかの対策を取るべきであって、それを取らなくていまの状況に至っているということに対して、彼女は責任があるはずなんです。それなのに、与党であったことを忘れてしまったのか、まったく触れていないということに対してすごい失望、失望というのも変な話で、もともとそういうことを言わないだろうとは思っていたんで。それでも「やっぱり」となると、何かがっかりした感じじゃないですか。

雨宮　赤木さんの「希望は、戦争。」という論文に、『論座』の四月号で、いろいろな人が応答をしたんですね。私が印象に残ったのは、佐高信さんが「イラクに行って戦争をその身で体験するしかない」とか言っていて（笑）。赤木さんは「何も持っていない」私というが、いのちは持っているのである」というフレーズに一番むかついたということでしたけど。

赤木　そうですね。

雨宮　三人って、『完全自殺マニュアル』（鶴見済、太田出版、一九九三年）世代ですよね？　赤木さんが「ただ心臓が動いているだけの命なんかいらない」というようなことを書いていたじゃないですか。私、鶴見さんがよく言っていた、「かろうじて心臓が止まっていない程度の生なんて、生きているのでは全然ない」みたいなところにすごく共感があって、それで、この佐高さんの「何も持っていなくても命があるじゃないか」というのはある意味暴力的だなと。あと「戦争をゲーム感覚で望んでいるから」

と佐高さんが言っているんですが、赤木さんは、「ゲーム感覚」とある種の世代が言うのは、もう差別用語にしたほうがいいということを言っていますね。

赤木　明らかに、ファミコンが出て以降の世代のことを指している言葉なので、これは使わないほうがいい、本当に若者に対して何か説得したいと思うんだったら。そういう言葉を使ってしまうと、突き放しにしかなりませんから。「ゲームをしていないわれわれは、おまえたちと違うんだ」という話にしかならない。

雨宮　「ゲーム感覚」という言葉は、思考停止ですよね。「それ言っとけばいい」みたいな。「ゲーム感覚」とか言う人のことは信用しないほうがいい（笑）。「赤旗」編集局長の奥原紀晴さんという人が、意外と「いい人だな」と思ったんですけど、四〇代、五〇代の自殺が多いことを書いているんです。「この世代もぬくぬくなんかしていない。若者だけではない、大変なのは」と。また「共産党はこういう問題に対していろいろなことをやってきた」みたいなことを言っているわけですけれども、この人に対してはどう。

赤木　「ほかの人も不幸なんだから我慢しろ」というような感覚は、「おかしい」と思いますよね。不幸って相対的なものじゃなくて、じゃあ他人がより不幸なら、それよりも不幸じゃない人を救わなくていいのかというと、そんなことはない。アフリカに飢餓で苦しんでいる子どもがいるから、日本人は救わなくていいのか。だから「自分たちだって苦労しているんだ」と言うのは構わないですけども、だったら「若者よりもわれわれのほうが苦労しているんだ」ということを明確に言ってもらった方が、こっちとしても対峙しやすいですね。私が、「そんな年寄りたちよりも自分たちのほうが苦労しているんだ」という話をしているんですから。

雨宮　そうですね。私が、『生きさせろ！』という本で書いた「犠牲の累進性」という問題ですね。

「愛国心」を利用する

赤木　その辺でおれが「愛国心」を利用したいと思うのは、つまり、日本人に対する意識ですよね。同じ日本人だから大切にしようということを、ひょっとしたら愛国心で導けるんじゃないかなと思うわけですよ。

雨宮　そう、そうなんですよ。同じ日本人の若者がこれだけひどい目に遭っているのに、「愛国心」と言っている人たちが、何で誰も助けてくれなかったのか。赤木さんの左への怒りはわかるんですけど、そう思うと右への怒りもないですか。

赤木　うん、ありますよ。結局やっていないですからね。「愛国心だ」と言う人も、「じゃあ、同じ日本人の若者だから助けよう」という話はまったくしていなくて。ただ、どうなんです？　そこは、「左よりは喚起しやすいのかな」という気はしないでもないですよね。

杉田　赤木さんははっきり言って、左も右も信用していませんよね。『論座』とかは、いわゆる新左翼の人たちはいまの若者の生活や現状をとらえていない、だから新しく「グッとくる左翼」が必要だ、という言い方をするわけです。ただ、赤木さんは旧来の共産党系や新左翼系を批判するんだけれども、じゃあ右を信用しているのかというと、そうでもない。強いて言えば、左よりは右のほうが少しはましだ、自分にとって役立つ、という程度でしかない。さらに言えば赤木さんのことを持ち上げる「グッとくる左翼」さえ、赤木さんは信じていないように見える。そのニヒリズムというか、信用を一切しないという感覚は、赤木さんのなかで一貫しているんじゃないかな。いろいろ反応があったなかで、「これはなかなかいいことを言ったな」という人はいましたか？

赤木　そうですね…。人というより、やっぱりネットのなかですよね。私の意見を批判するにしても同調するにしても、当事者意識を持って真摯に何か書いてくれてます。

雨宮　杉田さん、赤木さんのいままでの過去のネットの文章、五〇〇枚以上、全部プリントアウトして「読んだ」って言っていたんですけど、どうでしたか。

杉田　じかにお会いするので、ちょっと頑張って読んできました。少し感想を言っていいですか。不穏なことも言うと思うので、後で容赦なく突っ込んでもらえれば。

雨宮・赤木　はい。

杉田　赤木さんの書かれた文章（『論座』）は、「書き手が本気で書いているから、こっちも本気で読まなきゃ」という気に自然にさせられる、襟を正されるような文章でした。でも、『論座』の文章だけでは赤木さんの全貌がうかがい知れなかったので、ネットの日記を読んでみたんです。これがむちゃくちゃ膨大で…。

赤木　九八年ぐらいからやっています。

杉田　それで一〇年分、取りあえず全部読もうと思って、まずコピペして印刷してみたんですけど、ざっと一六四万字あって（笑）。そのコピペして印刷する作業を通して、赤木さんが何に絶望しているのか、その生活の重みを体感してみたいと思ったのです。まず肉体的な疲労や手間ひまから（笑）。

赤木智弘の本質

杉田　率直な感想として、想像以上に胸の詰まるものがありました。赤木さんの認識は、論理的にも倫理的にも「正しい」、と僕は思いました。ただ同時に、結論から先に言うと、赤木さんのなかでまだ躊躇しているところがあるのかなとも思った。赤木さん自身が、自分の本当の欲望というのか、そのポテンシャルを低く見積もっている気がしたんです。おそらく赤木さんが本気で望んでいるのは、漠然とした戦争なんかではない。現在の生活の根本的な改善が望めない限り、自分は「国民全員が苦しむ平等を」望む、と言っているんですが、ここで見誤ってはいけないのは、赤木さんは、けっして平等というものを全否定していないんです。自分のみならず、他人も含めた平等、あるいはすべての人が尊厳を持って普通に生きられる社会を本気で願っている。一見挑発的な物言いをするその底で、赤木さんのその気持は動かないはずです。ただ、いわゆる戦後民主主義の「平等」、あるいは左翼側の「リベラル」や右翼の「ナショナリズム」などが主張する「平和」とか「平等」というものが、いずれも根本的に欺瞞《ぎまん》をふくんでいると。赤木さんのような人を、あるいはさらに弱い人々を、包み込むものではない。赤木さんの批判は、そこに向けられている。だから、本当に平和と平等を夢見ているにもかかわらず、国民全体が苦しむ戦争のなかにしかもう平等の可能性が夢見られない、というねじれが赤木さんのスタンスですよね。

　でも、逆に言えば、やっぱり赤木さん自身が、戦争によっては自分が望んでいるみんなの平等や尊厳も手に入らない、とどこかで気付いているはずです。じゃあその先には何があるのか。まだ赤木さんのなかにあるリミッターを取り外したときに、つまり赤木さんが欲望というか、本当の自分の希望を解放したときに、どういう光景が描けるのかということを僕は知りたい。それで…、まだ続くんですが（笑）。

雨宮　いや、面白いですね。聞きたいな。

ある種の優しさ

杉田　赤木さんの文章を熟読していくと、赤木さんの本質は、ある種の「優しさ」にあるんじゃないか、と感じるんですよ。

雨宮　うんうん。だって、いい人だもん。赤木さん。「どんだけ嫌なやつ来るのか」と思ったら、すごくいい人でびっくりしたんですよ（笑）。

杉田　ただ、それはセンチメントな優しさではない。本物の悪意や殺意の先に、ある種の不思議な「優しさ」が結晶化しているんだと思う。

雨宮　そう、悪意のなかにある人類愛みたいなね。

杉田　たとえば赤木さんはこういう言い方をしています。「しかし、「それでも…」と思う。それでもやはり見ず知らずの他人であっても、われわれを見下す連中であっても、彼らが戦争で苦しむ様は見たくない。だから訴えている。私を戦争に向かわせないでほしい。私は、まず前提として述べていくのは、決して直下に戦争に至る道を志向しているわけではなく、戦争を避けられるものなら避けたい。戦争を望まなくても済む方法があるのだとしたら、それに越したことはない」と。赤木さんの社会に対する憎しみ、殺意が純粋なものだというのは間違いない。一〇年の日記を見れば、その過酷さは歴然としていますから。一〇年単位の「この繰り返しが続く」という出口のなさから赤木さんのなかに刻まれていった感覚が確かにある。そこを踏まえなきゃいけない。

赤木さんは、しかしそれでも、それでもやはり、たとえ見ず知らずの他人であっても――赤木さんを見下す人々、軽蔑し侮蔑する存在であっても――、そいつらが苦しむのは見たくない、死んでほしくない、とぎりぎりのところではっきり書いている。このねじれの感覚はなんだろう、と思うんです。聖書には「汝の敵を愛せ」という言葉がありますよね。友人や仲間じゃなくって、本当に自分を押しつぶす敵であろうと、なお、ぎりぎりのところで愛そうという気持ちが、赤木さんの文章の深いところに溶かしこまれている。僕はそう確信しました。そういう赤木さんの感覚から僕らが何を受け止めるかが大切だと思います。自分は赤木さんとは分身のように似ていながら、異なる人生を生きさせられているのだけれども、自分のこの卑近な実生活のなかで、どうやって赤木さん的な「にもかかわらず」「敵が苦しむのを見たくない」という感覚を生きられるのか。そういう具体的な問いとしてですね。

雨宮　いや、杉田さんもいい人ですね。何か美しい関係に見えてきた、この二人が。

杉田　いや、僕の性根はかなり悪人なんで…。多分今後は赤木さんとは敵対関係に入るはずなんですけれども。

赤木　杉田さんの話を聞いていると、何かおれが日記にすごい情念を込めて、必死に何か社会に訴えているような印象を受けますけど、そんな大したもんじゃないですから。

阪神大震災とオウム事件と戦後五〇年

杉田　さらにいえば、面白かったのは、赤木さんって、九八年の段階から、『論座』の原稿とほとんど同じことを言っているんですよ。

雨宮　九八年といったら、私、まだ右翼団体にいましたからね。そのとき、フリーター問題というのもまったくわからなかったです、当時は思いきりフリーターなのに。でも、そのフリーター問題を考えたくないから、逆に右翼にいったというか、まさにいまフリーターの人が言い始めた、「愛国でごまかしていた」。多分、愛国でごまかした第一世代（笑）。

赤木　『戦争論』（小林よしのり、幻冬舎、一九九八年）あたりの影響ですか。

雨宮　いや、『戦争論』が出たとき、もうすでに右翼だったんです、私。その前に、（新右翼団体）一水会の見沢知廉《みさわちれん》さんとか鈴木邦男さんとかの出会いというのが大きくて。

赤木　すごい人と出会っていますね（笑）。

雨宮　そうですね。ちょうどいま出ている『論座』（七月号）にも「ロストジェネレーションと戦争論」という文章を書いたんですけど、九五年のときに二〇歳だったでしょう、私たちは。あれがすごい大きかったんですよ。阪神大震災とオウム事件と戦後五〇年が重ならなければ、私は絶対右翼にいかなかったと確信しています。あそこで価値観とか戦後の物語が崩れた。実際、物が崩れましたよね。阪神大震災のとき家とか、人が死んだし。ある意味、すごく流動化しましたよね。そういう状況になってしまって、しかもそのうえに戦後五〇年がきたので、「戦後日本の誤り」みたいのを一月と三月に思いきり突き付けられたうえで、戦争の映像がガーンと八月に来るわけですよね。自分は二〇歳でフリーターで、就職氷河期で、どう生きていっていいのかまったくわからない。正社員にはなれないし、フリーターはきついし。最低限、餓死しない、ホームレスにならない生き方がわからなくなった第一世代だったと思うんです。そうしたら、何かそこと、「学校で教えられない歴史」という、靖国史観みたいなものがすごい結び付いたんです。学校で教えられてきた「頑張れば何とかなる」というのがまったく通用しない時代になっちゃったんで。なんだ、学校で教えられたことは全部嘘だったんだ、と。学校を出て就業年齢迎えた瞬間に、もうフリーターとしてしか生きられなくなったので、そのことと私が右翼にいったというのはすごく関係があるなと、一〇年後に自分で分析して、びっくりしましたね。

その辺はどうですか。二〇歳のその三つの、盆と正月とハルマゲドンみたいのはどういうふうに迎えましたか？　お二人は？

赤木　どうだったかな…。そこまで深く考えた覚えはないですね。オウム事件なんかも、オウマーとして楽しんでいたという感じだったんで。もし、阪神大震災であっちのほうに知り合いがいれば、もうちょっと違ったものがあるんですけども、基本的には東京にずっといましたから。

杉田　九五年に神戸淡路の大震災があって、数カ月後にオウムのサリン事件があったわけですけれども、自分、震災のあった一月一七日が誕生日で…。どうでもいい話ですけど（笑）。ちなみに九一年に湾岸戦争が始まった日が、やっぱり一月一七日なんですよ。そうしたら、四年後の一月一七日が阪神大震災で。そのころは学校へは通っていたけど、精神的にはほとんどひきこもりのような生活を送っていて、昼ごろだらだら起きてきたら、テレビではもう何か大惨事になっていたのをよく覚えている。

雨宮　この辺の世代論ってあまりないですけど、面白いと思うのは、同い年で何か書いたりものを言ったりしている人って、みんなフリーター問題なんですよね。「素人の乱」や「高円寺一揆」の松本哉《はじめ》さんもそうだし。

赤木　一番直撃したところですからね。自分のところに取材に来た新聞や雑誌の記者さんも、大体同じか、ちょっと上ぐらいですよね。だから、友達にフリーターがいたりすると、本人のせいにできないような本質的な問題が何かあるんではないかと、考えるんでしょうね。

なぜ革命でないのか

雨宮　この辺でリスナーからの質問を。「赤木さんへお尋ねします。戦争願望をお持ちのようですが、その主目的は、いわゆる下克上のように感じられます。それは単に火事場泥棒願望であるようにも思います。別に戦争ではなくても、震災や大水害、はたまた経団連にサリンぶちまけとかでもいいような気がするのですが、いかがでしょうか。」本質的な質問です。

赤木　そうですね…、「火事場泥棒」ってすごい的確な言葉だと思いますね。『論座』のいま出ているやつ（七月号）で、高原基彰さんという方が、私の「戦争」というのは、「流動化のアナロジーだ」という話をしているんですけれども、私は単純にそうとは考えていなくて、戦争というのは、破壊と流動化なんですね、あくまでも。まず最初に破壊があって、その結果流動化する。すなわち、既存の安定している人たちの状態を破壊しないことには、流動化はあり得ないと思うし、また、いまの状態のまま流動化させても、それは単なるネオリベラル的な流動化ではないかと思うので。つまり破壊と流動化ということで、戦争という言葉は使っています。それと、「火事場泥棒」というのは正しいんですよね、本当に。ただ、たとえば震災や大水害っていうのは、多分それに似た感じだとは思うんですね。

自分のところに質問で結構きたのが、「何で革命じゃないんだ」っていう話ですね。革命でないのは、「自分があくまでも普通の人間でありたい」ということの前提からきていて、つまりそういうテロ行為は、あくまでも当人が犯罪者としてやらなきゃいけないことなんですよ。それなりの覚悟がいる。けれども、自分としてはそういうレベルでの覚悟っていうのはしたくないんです。いままで清廉潔白にちゃんと仕事しながら生きてきたんですから、それに対して何らかの…報酬というのは変、ちゃんと生きられるような状態にするためには、そういう人たちにテロリズムを強いてはいけないと思うので、だから、革命には自分は反対します。

憲法九条は切実じゃない

雨宮　この前、日本国憲法の話をしていて、赤木さんが「日本国憲法はネオリベ憲法なんじゃないか」みたいなことを一瞬言ったんですが、なぜ日本国憲法がネオリベ憲法だと思ったのか、ぱっと浮かんだ瞬間ってどういう感じだったんですか。私も何となくそのとき、「ああ、そうだな」と思ったんです。

赤木　やっぱり、平和憲法と称されるところの、その「平和」ですよね。「平和と平等とは何か」ということになると、それは誰に対する平和であるのか、という点が重要になってくる。いま、世間では九条をいろいろ問題にしていますけれども、九条の問題というのは、結局は、戦後民主主義に対してよく評価するか、悪く評価するか、そういう問題でしかないと思うんです。実際、戦争をするかしないか、軍国化するかしないかという話ではなく。別に軍国化しなくたって、いまの自衛隊でも、大体どこにでも派遣できるようになっていますし、軍国化したからって、じゃあ戦争するのか、どこかに日本が単独で攻め込むようなものがあるかというと、ありません。自衛隊も、実際はアメリカの自衛隊だと思っているので、九条論の本質は何かというと、戦後民主主義が培ってきた平和というものに対する賛否だと思ったんですね。

雨宮　杉田さんはどうですか。

杉田　僕は、憲法をめぐる議論は九条に限定せず、もっと広く考えたほうがいいようには思います。政治的リアリズムを無視すれば、僕は改憲派です。人民のために憲法があるのであって、憲法のために人民がいるのではない。人民の議論と合意で何度でも自由に憲法が書き換えられる状態が望ましい。たとえば、一条以降の象徴天皇の規定は撤廃すべきじゃないだろうか。天皇に平等な人権を与えないのはおかしい。まっとうな左翼なら、動じることなくそれを主張していいと思うんです。九条もいま以上に徹底すべきだと思うけど、一三条（幸福追求権）や二五条も同じ。九条と自衛隊が矛盾していると言われるけど、二五条の文面と野宿者や障害者の現実はそもそも矛盾しているわけで。

赤木　生存権ですね。

杉田　「国民」からさえ排除される無能力者の生を包み込むべきです。それともちろん、平和憲法は日米安保条約とワンセットで考えないといけないから、日本という国の自主独立をもしもまじめに考えたいなら、安保条約を撤廃して、自立的に九条を再獲得すべき、という結論になるでしょう。

赤木　おれは、安保条約撤廃の九条改正です。軍隊を持つことによって、たとえばアメリカが基地を日本に置くとかに対して反対していくやり方もあるんじゃないか。

現場を見てから発言する

杉田　雨宮さんが「生きさせろ」と言ったときに、情緒的なスローガンだけじゃなく、生存権、つまり基本的人権の保障として、法のレベルに一貫して繋げているのは、大きいと思うんですよ。たとえば自立生活サポートセンター「もやい」の湯浅誠さんたちの話を聞くと、弁護士さんの力が大きい。弁護士は基本的に党派色を嫌うそうですが、生活保護や生存権に関してなら政治色が薄いから連携できると。

雨宮　「反貧困ネットワーク」というのをいま、準備会でつくっていて、私も会員の一人です。この集会を七月一日にやるんですが、会員の顔ぶれがすごい。多重債務問題の宇都宮健児弁護士もいる、フリーター労組、グッドウィルユニオン、連合、首都圏青年ユニオン、シングルマザー団体、ホームレス支援団体、障害者団体、生活保護裁判をやっている弁護士さん…。もう全部、大同団結していて。とにかく生存をさせる系の弁護士さんや活動家とたくさん出会ったので、私は何があっても餓死しないというノウハウを手に入れたんですよ。もうどんなこと、たとえば私が盗作とか、ひどいことして書けなくなっても、絶対路頭に迷わず、この国で生活保護を得て、ホームレスにならず餓死せずに暮らしていける。「反貧困集会」は七月一日にあるんですけど、同時期に「反貧困キャンペーン」でいろいろなイベントがあって、このなかで私が出るのが、六月一八日の「生きさせろ！」イベント。出るのは、私とガテン系連帯、首都圏青年ユニオン、NPO「POSSE」、「もやい」という、全員がもう超闘って抵抗している人たち。プロフェッショナルな活動家で「生きさせろ！」イベントをやるという感じ。

杉田　すごいですね。

雨宮　あともう一つ面白いことがあって、四年ぐらい前に、山形である大学生を拾ったんです。落ちていたんですよ（笑）。落ちていたので捕獲して、イラクに連れていったんです。彼は「人生がつまらない」と言うので。一緒に開戦直前のイラクに行って帰ってきた。その彼が大学を卒業して、奨学金返済のため、派遣労働者としてキヤノンで働き出した。そうしたら、もうひどい目に遭うんですよ。ロッカーには「請負社員は、キヤノンのごみ箱を使うな」って書いてあるんです。ごみ箱にごみ入れちゃいけないの、派遣社員は。そういうなかで寮生活をして、奴隷のような生活をして、月から金、キヤノンで働いても月一二～一三万円。借金返済が月六万あるから食えないので、土日は日雇い派遣で東京に来て働くんです。そうしたら、いつの間にか、都内で遭難するような目に遭った。お金もなくて、大雨の日にどこにも泊まるところもないみたいな。それで、「その日常をとにかく撮っておけ」と言って…。

杉田　映画に？

雨宮　はい、彼は映画監督志望なので。ずっとカメラ回していたのを編集して、『遭難フリーター』という作品にした。これはすごく感動的な青春映画になっているので、ぜひ見てください。

杉田　難民はすでに比喩じゃない。都内で遭難するっていうのはすごいですよね。

雨宮　遭難する（笑）。面白いのは、彼は冬の深夜、高円寺から大井埠頭まで歩くんですよ。二〇キロだったかな。行くところもお金なくて。止まったら凍死しちゃうじゃないですか。だからずっと歩き続けて、二〇キロぐらい夜中に歩くっていう。所持金は三〇〇円ぐらい。日雇いのバイトって、その日やっても事務所に行かなきゃお金もらえないじゃないですか。だからそれでお金がなくて、本当に大変な…。

杉田　現場の話って本当に面白い。『フリーターズフリー』1号にも、期間工の男性のインタビューが載っています。ぜひ読んでほしいですね。そういう人たちの実態や生の声はなかなか聞こえない。首都圏青年ユニオンの河添誠さんもおっしゃっていましたが、「頭で考えなくてまず現場を見てくれ」「まず現場を見てから何か発言してほしい」と。

フリーターは労働者である

赤木 「フリーターは労働者である」っていうごく当たり前のことを理解させるのは、もうどれだけ大変か……。

杉田 そこが絶対にインプットできない人っていますよね。フリーターの多くが労働が嫌いなのではなくワーキングプアなんだし、フルタイムよりも労働時間が長い人もいるのに、ほとんど身分のような賃金格差があったりする。それに社会はつねに相対的に過剰なフリーター層を必要としているわけだから、文字通りいす取りゲームですよね、ある人が正職になればある人は非正規になる。シンプルな構造の問題です。これらをどんなに説明しても、「本人のやる気だろう？　努力だろう？」という思い込みが一ミリも動かない。

赤木 あと、ちょっと頭いい人で、若者を批判したいという人は、ニートのことをあえて取り出して、「ニートは働いていないから」という話をするんですけれども、やっぱりそれはフリーターにも矛先は向いていますよね。

雨宮 フリーターバッシングって「甘えている、だらしない」系ですよね。「自立をしていない」みたいな。本田由紀さんの『若者の労働と生活世界　彼らはどんな現実を生きているのか』（大月書店、二〇〇七年）のなかで、湯浅誠さんと仁平典宏さんが「若年ホームレス」という論文を書いていて、すごく「ああ、なるほど」と思ったのは、「じゃあ、正社員層がどれほど企業福祉に依存してきたのか」ということ。いままでのお父さんみたいな、年長者は…。びっくりしますよね、だって、あの人たちは風邪ひいて一日休んでもクビにならないとか、失業保険があるとか…。

赤木　すごいですよね、有給休暇とかあるんですよ。

雨宮　そう、有休があるとか、三ヵ月うつ病で休んでもクビにならないとか、何かもう信じられないぐらい整った環境じゃないですか。そもそも銀行の住宅ローンなんて、正社員しか借りられないようになっていますよね。国家政策として、正社員層のいわゆるいま四〇代以上ぐらいの人は守られてきて、国と企業にものすごく依存してきたのに、一人で生きてきたような顔をしていて、それでいま、まったくまっさらの一人で放り出されているフリーターが、「だらしない」と言われる筋合いはないんですよね。そういうことを湯浅さんが書いていて、「そうだ、この言い方があったか」とすっきりしましたね。上のバッシングをしてもしょうがないんですが。

いま、米騒動が起きているのに…

雨宮　会社員の方からの質問で、「正直に言って、赤木氏の意見には幼稚な部分がかなり含まれていると思うのですが、雨宮さんはかなり評価されているご様子。本音のところはどうなんでしょうか」。嫌な質問っていうか、まあどうなんでしょうね。さっき杉田さんが言ったことで納得したのは、すごく赤木さん、いい人ですよね。

杉田　いや、今日ご本人に会って、ほんとうはもっと批判しようかと思っていたんですけど、人柄にひかれてしまったので（笑）。強く反論できなくさせる何かがありますよねえ。

雨宮　私は最初に「希望は、戦争。」を読んだとき、これだけ揺さぶられる文章を読んだのはもう何年ぶりだろうと。しかも、自分の実情と社会との関連だとか、いま問題とされていることが全部書かれているなと思って。プラス、自分が右翼時代だったときの気持ちをすべて代弁されたような気持ちになったんですね。これで、自己責任論に縛られているたくさんの人たちとか、この状況が何なのか分からない人が、すごく「気付く」と思ったんですよ。それに気付くのは、もちろん当事者もそうなんですけど、「（左は）救ってくれなかったじゃん」という恨みってやっぱりあるんですすね、私にも。いまはやっぱりいろいろな人とうまくやっていこうと思っている部分もあるので、あえて私は赤木さんのように左派の攻撃というのはしませんけど。私が一緒にやっているのは、当事者の左の人たちというか、プレカリアート運動の人たちなんかで、その上の世代の人はいないですからね。でも、その上の世代の左派の人たちが、フリーターを一番助けてくれなかった。そういう人たちが逆に、後藤和智さんが言うところの、俗流若者バッシングをしていましたよね。

だから、「おかしいな」と思っていたんですよ。「今どきの若者は」「フリーターなんかだらしない」みたいなことを言っていると、左翼が嫌う「モラル」だとか「公共心」だとかを問うことになる。それは憲法改正にいってしまう道筋なのに、「何で若者バッシングするのかな」という思いがすごくあって、そこのジレンマがあるにもかかわらず、結局フリーター問題というのは放置されてきた。いま、フリーター当事者が、もう生きていけないということで運動が始まっているのに、やっぱり上の世代の左翼のおじさんなんかは、「生活レベルの運動をしている」「ちっちゃいことをやっている」みたいな認識があるような感じがして。「憲法の問題をやれ」という圧力も感じたり。でもそれどころではない（笑）。

赤木　うん。

雨宮　やっぱり上の世代の人たちは、頭でやってきましたよね、運動を。いま、起こっている運動は米騒動ですよね。

杉田　明治期には自由民権運動から米騒動や焼き打ちがあって、大逆事件に至る流れがあって、いまはそういう感じなんですよ。たぶん。いまは「楽しいサヨク」でやれるけど、今後ますます殺伐としてくるのは間違いない。きれいごとじゃなく、いま以上に露骨な暴力の領域に入っていくと思う。冤罪で左翼が処刑されたらどうなるのか。その時になお貫き通す心があるかどうか、その水準から考えないと。

雨宮　そうですね。でも私は楽観的なところもあります。反貧困ネットワークも、「これは米騒動だ」って弁護士さんが言いますからね（笑）。高円寺一揆も、もうホントに「一揆」ですし。ほんとうに食えないっていうところから、「もう何かやんなきゃ生きていけない」ということで始まっちゃっているところが、私はすごく魅力的だと思うんですね。原始的なので。

赤木　私に対して「幼稚だ」というわけですけれども、その質問を聞いて思ったのは、それは自分も自覚しているんですよ、たとえば大学出て、大学院出て、そういうところで社会活動や運動やっているような人たちに対して、自分は知識もないし、ものを論じるときの論理性だとか、そうした実力もないですよ。はっきり言えば素人ですもん。ただ、その素人が何でこうしてこっち（ゲスト側）にいなきゃいけないのかっていうことですよね。

だって自分としては普通の生活をしているわけですから、絶対そちら（客席）のほうにいるほうが自然だと思うんですよ。自分としては、こういうことを語って外に出たくないんですよね。だから、ネットでたとえばそれまでずっとハンドルネームで論じていて、その後本名に直して、「仕事くれ」みたいな話を書くわけですけれど、そのときに、自分が本名を出さなきゃいけないところに追い込んだのは、じゃあ誰なのかということですよね。すると、やっぱりその幼稚でない人たちなんですよ。自分をここにいさせてしまったのは。そういう人たちが本当はやらなきゃいけないことをまったくやらなくて、だから、自分みたいな素人がこうやってこっちに出なきゃいけなくなってきた。それがすごい腹立たしいんですよね。

杉田 その場合、貧困に対する現在の対抗運動を、過去の歴史の文脈に位置付けるのも重要ではないか。たとえば七〇年代には障害当事者の運動、あるいはウーマンリブがありましたよね。「青い芝の会」という、ものすごいラジカルな脳性マヒ当事者の運動があって、自分たちの生存権を守るために必死に闘うわけですけど、同時に「自分たちが何でこんなことしなきゃいけないのか」ともはっきり述べる。つまり、ただでさえ社会的に排除されている自分たちが、なんでさらに声を張り上げなきゃいけないのか。二重におかしいと。にもかかわらず、声を上げれば「障害者のくせに偉そうなこと言うな」と叩かれる。そういう構造があって、障害者とフリーターの問題は、どうつながるのか微妙なポイントはいろいろあるけど、構造的には似ている面もあると思います。

雨宮 それは若松孝二さんの反論「フリーターでつらいんだったら運動しろ」みたいな？

杉田 ああ、誰か言っていましたね。

赤木 そうですね。全体的にみんな文句言っているからね、何かね（笑）。

雨宮 全体的にそうですけど（笑）。だから、「運動したくない」っていう文脈も認められていいわけじゃないですか。

赤木 そうなんですよ。

雨宮　いっぱいいっぱいなんだから。ほんとうに貧乏で大変だと、労力はないし、時間ないし、金ないし、運動できないですよ。会議するっていったって電車賃がないわけですからね。

おれたちは、飲み会の費用が出せないぞ

赤木　だから、たとえばそういう運動とかに行って、話が終わって、その後、「ちょっとみんなで飲みに行きましょう」みたいな話になるわけじゃないですか。すると、そうしたところで二〇〇〇円か三〇〇〇円かかるわけですけど、それが払える人と払えない人が実はいるんですよ、そこに。いままでの労働運動をやっている人たちは、そこに気を使わない。

雨宮　フリーター労組とかプレカリアートメーデーの飲み会って、公園なんですよ（笑）。高円寺一揆はそもそも最初から路上だし。

赤木　うん、そうですね。

雨宮　飲み会に、左翼のおやじとかと行くと、一人三〇〇〇円ぐらい取るんです、あいつら。いまは払えますよ、フリーターの時はキツかったけど。でも、払えない人がいっぱいいるじゃん、フリーターとか無職なんだから。若い人たちでやってるプレカリアート運動の打ち上げなんかではみんなで公園に行って、コンビニに買い出し行って、一〇〇円でソフトドリンクもらったり、ビール飲むんだったら五〇〇円ぐらいとかカンパして、そうやって超原始共産主義みたいな感じなんですよ。そういうところから作法が違うっていうかね。

杉田　そういうところに現れてしまうのもありますよね。無意識の何かが。

雨宮　やっぱり団塊の世代は金持っているんですよ。三〇〇〇円の飲み代に困るっていう、そういう世界があるっていうことをまず知らないもん。

赤木　うん。やっぱり彼らは、当然のように給料を得てきたと思うんですね。年上の人が「お金が欲しい」と言うとき、そのお金というのは、自分の生活以上のものを欲しい。車だったら、軽自動車よりも普通車、普通車よりも3ナンバーっていうような。家だったら、遠いところよりももうちょっと利便性のいいところっていうふうな意味で「お金が欲しい」。けれども、われわれの場合は、「お金が欲しい」というのは、本当に生活の根源的なレベルで「お金が欲しい」ということを言っているわけでして…。

雨宮　電気・電話・ガスが止まったから金が欲しいって、そういうことですよね。

赤木　その辺の違いが単純に「何かよこせ」というようなことを言うときでも、すごく隔たっている気はしますよね。

雨宮　私も右翼に入る前後、おじさん方の左翼のそういう運動に関わったりしたこともあるんですけど、フリーターだと本当にお金も時間もないから、呼ばれても会議とか集会とかに行けないんですよね。そうしたら怒られる。私は週に六日ぐらい働いていて一日しか休みがないから、せっかくの休みに左翼のわけのわからない会議なんか行きたくないんですよ。でも「その日休むならこの日に会議」とかって、すごい強引だし、それで飲み会に行ったら三〇〇〇円ぐらい取られるし、月収一〇万ぐらいのフリーターに。そういうので、かなり苦労した。そこの断絶はもう一〇年前に経験している。今のプレカリアートの運動、当事者から始まってすごくいいと思うんですけど、それ以外の左系の上の世代の人達って、やっぱりどうしても断絶がある。理解されない部分はありますね。

誰に向かっての「生きさせろ！」か

杉田　雨宮さんの本の『生きさせろ！』っていうタイトル、これは誰に向けて言っているのかと…。国や企業ですか。つまり、誰かへの呼びかけですよね。「あなたたちはわたしたちを生きさせろ！」と。やむにやまれぬ天に向かっての祈りなのかもしれないけど。

雨宮　そう、結構、天に向かって叫んでいる感じ。国でしょう、企業でしょう、あと、バッシングをするいわゆる大人。あと、フリーターの娘・息子を持つ親、その周りの友達とか。正社員になっちゃったらフリーターバッシングする友達とかいるじゃないですか。憎たらしい、何かどうしようもないやつが。でもいま、生きること自体がすごい難しいというか、条件付きというか、何らかの基準を満たしていないと生きられない社会ですよね。だから、すべての人ですね。全部。自殺しようと思っている人に対しても言っているかも、「おまえは死にたいけど、おまえの肉体を生きさせろ」みたいな。

杉田　なるほど。

雨宮　「生きていちゃいけない」と思わされている人があまりにも多いけど、でも、全然そんなことはないと。私なりいろいろな人が、「とにかくあなたの生存はもう一〇〇%肯定します」と。無条件の生存肯定としての「生きさせろ」。

杉田　「生きさせろ」って、たとえば自立的に「生きねばならない」とか「ともに生きよう」じゃありませんよね。誰かに「分配してくれ」っていう、何かを「くれ」っていう。

雨宮　そうですね。

杉田　赤木さんもそうだと思うけど、求められているのは、それこそ米騒動の米のような、すごく具体的なものですよね。人権云々もあるけど、その手前の、「五〇〇〇円くれ」みたいな。

雨宮　「一〇〇円貸してくれ」とかね。

杉田　赤木さんの感覚で重要なのは、左翼系の人がワークシェアとかベーシックインカムに関して何かを語るわけだけれど、自分の既得権を手放すことを考えずに安易に言うな、と。もし自分の人生に水増しがあると自覚しているなら、まずは自分に何ができるか、どんなに卑近であれ具体的な実行を前提に何かを言ってくれ、と。そういうふうにダイレクトに迫っている。きれいごとでは絶対に終らせない。たとえばいま、会場から赤木さんへの批判的コメントがあったとしても、「じゃあ、あんたはどうなんだ」「今そういう質問をしているあなた自身は何をよこせるの？」と。

赤木　ほんとうにおれ言いますからね。ワークシェアとかベーシックインカムとかいうときに、「じゃあ、あなたの仕事を分けてくれよ」と。ただ、それはやっぱり理解されないですよ。何か質問をそのまま返しているような印象で受け取られてしまいますよね。だけれども、それは本質だと思うんですよ。やっぱりお金と仕事がまずなければ、それ以外の生き方の問題であるとか、よりよい仕事と社会の関係であるとか、自分との関係とか、そうした問題というのはそもそも関係ないと思うんです。その先のことですよね。けれども、何かそれがごっちゃ混ぜになって、たとえば自分が「正社員になりたい」と言ったときに、向こうは「正社員でもこう苦しいんだ」ということを言う、でも、こっちとしては「その苦しいところでもいいから正社員にしてくれ」っていう。それこそ戦争にしろ、じゃあ「イラクにおまえらみんな行かされるんだ」と言われても、こっちとしては「いいよ、行かせてくれ」と言う。それで少なくともお国から給料が出るわけですから、だったらそれでいいかなと思いますよね。

「おまえは悪くない」で片づけられないこと

杉田　自分は世代論をあまり信じていなくて、同じ七五年生れだからって変に馴れ合ってもしょうがないので、いくつか問題提起をさせて下さい。たとえば湯浅誠さんが「格差ではなく、貧困の議論を」と言うわけです。個人の能力や努力に応じて、一定の格差が生じるのは仕方がない、という言い方はできる。でも、貧困は基本的に社会の中にあってはならないものだと。規範的な意味をふくむわけですね。「貧困があってもいい」という言い方はできない。しかし行政は、七〇年代ぐらいから生活保護の「捕捉率」（生活保護を受けるべき人をどれだけ制度が捕捉しているか）の調査すら公式にはやめてしまっている。大規模な貧困調査も行われていない。なぜかというと、貧困があると一度認めれば、政府はそれらの人々を救済しなければならないから。

雨宮　金かかりますからね。

杉田　これに対して湯浅さんが言うのは、貧困は本来「自己責任」の埒外《らちがい》にあると。そこでは自己責任は問えないと。はっきりそう言っている。「貧困になったのも自分の責任だろう」という世の中の通念をひっくり返そうとしている。それはとても重要で、なぜなら雨宮さんの『生きさせろ！』でも指摘されていますが、追い詰められた人の多くが「自分が悪い」「こうなったのは自分の責任だから仕方ない」と自分を責めてしまうからですね。

雨宮　きつければきついほど、そう言いますからね。

杉田　「自分が悪いから仕方ない」とまず思ってしまう、正確には思い込まされてしまう構造がある。これは七〇年代の運動でも「内なる優生思想」とか「内なる女らしさ幻想」とか言われているポイントです。まずそれが一つある。そういう洗脳というか呪縛から解放するために「あなたは悪くない」「悪いのは社会や行政の側だ」という認識を当事者に差し入れなきゃいけない。それはすごく大事だと思うんです。でも、確かにそうではあるんだけれど、「すべての責任が社会の側にある」「すべての責任が上の世代にある」という言い方になってしまうと、たとえば雨宮さんや赤木さんがそれを人々に対して主張するとすれば、一種の宗教的な方向へ流れてしまいませんか。

赤木　宗教?

杉田　つまり、洗脳っぽくなりますよね。「あなた悪くないよ。悪いのは世の中だから」って、これ、カルト宗教と論理的には同じ。追い詰められた人の精神には、「あなたは悪くない」と言ってくれる誰かへの依存と盲従が生じる。たしかに、イラクの人質事件以来の自己責任論はむちゃくちゃで、弱い立場に置かれた他者に責任を押し付けるためのロジックでしかない。それは分かったうえで、しかし、やっぱりたとえば自立や個人の責任というものには、ポジティブな何かがありませんか。マンガ版の『ナウシカ』じゃないけど、自立的かつ他者とともに「生きねば」という自分を律する感覚は、稀有《けう》なものだと思う。しかも、生活に余裕のある人の自立ではなく、負け組の自立、経済的貧困のなかでの精神的自立ということを考えざるを得ない。つまり、外側の貧困と同時に内なる貧困とも戦うべきじゃないか。もしかしたらこの感覚自体がある種の恩恵や余裕の産物、思い上がりかもしれませんから、そこは正してほしいですけど。ただ、「おまえは悪くない」だけで片付けられないものもあると思う。

雨宮　私も、あまりに自己責任論バッシングをしているので、「「自己責任論」がどれだけ嫌いなんだ」と思われがちなんですけど、基本はもちろん人が生きるにあたっては自己責任だと思っているんです。自分の仕事自体がもうすべて自己責任だから。それもあって私は自己責任論者だったんですね、プレカリアート運動に出会うまで。自分がそうやってきたっていう自負やプライドがあったので。だから、自己責任と言いたがる人達の気持ちもすごくわかる。でも、そんなものにすがっていてもしょうがない。結局、きついんですよ、それはすごく。自分にも厳しくなるし、他人にもものすごく冷たくなる。そこで優しくない自分がすごく嫌だったんです。もちろん自己責任は基本にはある、フリーターだって、ニートだって、ひきこもりだって、みんなそれはある意味自己責任ですよ。ただ、いまは自己責任じゃないものまで「自己責任」と言われて背負わされているから…。

杉田　そうですね。それはあるね。

雨宮　たとえば「六〇%はあなたの責任だけど、四〇%は社会的要因だ」というふうに分けられると思うんですよ。それをいま、全部いっしょくたに背負わせて、背負う方がかっこいい、自立した個人であるみたいな、そこのロジックに対してはものを言いたいということなので、「基本は自己責任」というのは変わらないんですけど、たぶん私が食えなくなったら、「全部社会が悪い」と言って暴れますね(笑)。

杉田　一つ懸念というか、今後暴力のステージがあがっていくだろうなかで、自分が自分であること、何かへの没入や熱狂に染まらないでいられることが大事だと思うんです。最近の生存権運動も、丸山眞男の言葉を借りれば、依然ずるずるべったりの「のっぺり反逆」であり「すべてが騒々しいが、同時にすべてが小心翼翼としている」だけなのかもしれない。するとそこでは左も右も、機会的に入れ替わってしまいますよね。赤木さんは、雑誌『オルタ』の雨宮さんとの対談で、「貧乏人大反乱集団」とか、ああいうアナーキーなムーブメントに対して、人々が連合するのもいいんだけれど、自分としては、むしろ一人でぽつんと、部屋で普通に生活していたい、と言っていますよね。群れることとの大事さはありつつも、個人の領域を守りたい、という感じですよね。

雨宮　そう。だから、私、この二人がたぶん「素人の乱」に行っても、あんまりなかに入れないんじゃないかなって（笑）。

赤木　そうですね。自分としては、単純に普通の一人前の大人として生活したい。一人前の大人というのは、やっぱり普通に家族がいて、車持っていて…。

杉田　というのは、結構危ういところもある。つまり、生活のどん底から「生活の糧を分配してくれ、お金を分配してくれ、さらに生の尊厳も分配してくれ」と望んだときに、歴史の流れを見ると、そこで一気に（ナポレオン・）ボナパルトみたいな人物が出てくるわけですよ。社会の底辺に置かれたさまざまな人を集めて、その欲望を吸収しつくして、「わかった。あなたたちには金も尊厳もやるから、帝国のために尽くしてくれ」みたいな…。

雨宮　ああ、そうですね。

杉田　左翼の人々では分配と言っても限界がありますからね。貧困層や逸脱者たちの要求を一気に吸収できるのは、ファシズムやナチズムだったという歴史があるわけで…。若者の左傾化が言われて、最近では「2ちゃんねる」の世界ですら「右」から「左」へと旋回しているそうですが、そこからさらにゆり戻すかたちで暴力のグレードが一気に振り切れる可能性はある。そういう現実の潮流に対する免疫力のありかは、依然、丸山眞男のいう「コチコチの個人主義」にしかないんじゃないでしょうか。赤木さんはいま「一人前の大人」という言い方をしましたけれど、それはすごく大事な感覚という気がするんですよね。

雨宮　だから、今のフリーターの解決策が全部「素人の乱」になっちゃうときついんですよ。だって、自分で店やんなくちゃいけないですから。店をやって、居場所をつくって、仲間と交流して、そのうえでさらに店を維持していくにはものすごい労力がいる。やっぱりみんなが店をできるわけがない。

景気回復と貧困

赤木　杉田さんは、徐々に景気がよくなりつつあることについて、単純に喜ばしいことだと思いますか。

杉田　景気が回復しているという言い方はよくされるし、行政もたとえばフリーターやホームレスの数が減っていると強調していますけれど、データによると、二〇〇二年ぐらいから企業の経常利益は上がっているんですが、労働者の賃金は据え置きで、むしろ停滞している。その経常利益はどこから来るかというと、派遣や請負をふくめた低い人件費の非正規雇用労働者を増やすことで企業は利益を吸い上げているわけだから、状況がよくなっているのかどうか。明らかに、行政やメディアは「景気が回復してよかったよかった」という報道をしていますよね。そうなると逆にフリーターはますます声を挙げにくくなる。「景気回復してんだから、仕事あるだろう」と。実際、仕事はあるわけですよ。あるけど、悲惨な仕事が多いわけで。

赤木　下向けの仕事と上向けの仕事が明確に分かれちゃっているんですよね。

雨宮　ゆくゆくはホームレスになるだろうなみたいな仕事は、もういっぱいありますよね。

杉田　野宿者の人も当然、日々働いていますからね。日雇いや公的就労もそうだけど、アルミ缶を集めるのも彼らなりの起業だし。

赤木　上の人たちっていうのは、ハローワークに求人票あるのを見て、「仕事あるだろう」みたいなことを言うわけですけれども、そういう仕事で、たとえば正社員で行っても、実際は契約社員にされたりとか、結局、下向けの仕事ばっかりなんですよね。

杉田　僕はフリーター論の続きで介護労働についてちゃんとやりたい。NHKで「介護の人材が逃げていく」という番組も放送されました。今後もっと悲惨になっていくかもしれない。ケア労働はいくらでも仕事はあるけど、低賃金で、劣悪な状況の仕事が多いのです。二〇代の若者が使い捨てにされて、体を傷めたり、精神的に燃え尽きてやめていく。これも構造的な問題ですから。

雨宮　なぜ誰も実感がないのか。

赤木　結構そこで焦っているところはあって、いまから大学を卒業するような世代というのは、だいぶ仕事に恵まれる。団塊の世代もいなくなりますし、就職氷河期があって、人はいないわけですから。そういう状況のなかで、自分たちだけサンドイッチ状に間を抜かれてしまうっていう、その怖さっていうのはすごくある。

杉田　ただ、湯浅さんたちに言わせると、それも行政のトリックで、つまり貧困問題が就職氷河期やロストジェネレーションの問題だけに切り詰められていると。実際は、僕らの下の世代や高齢者にも貧困は多様にひろがっているにもかかわらず、団塊ジュニア世代だけの特殊な問題にされてしまっている。僕らより下の世代で、親が経済的に貧困な家庭に生まれると、貧困が親子間継承されてしまう。能力格差どころか意欲格差とも言われますよね。

雨宮　最近、児童相談所の人から、ちらっと聞いた話なんですけど、「一六歳以下のホームレスが、保護される件数が今年に入ってから増えている」と。だから、どっかに行ったんじゃなくて、まんま路上っていうような人も出てきている。

赤木　日本でもいよいよストリートチルドレンが…。

杉田　現場の人はずっと言っていることですよね。日本は対策が遅れて、欧米を一〇年二〇年遅れで追っているわけだから、女性のホームレスが増えて、若年ホームレスが増えて、家族ホームレス、ストリートチルドレンと…。

赤木　日本の場合、そういう人はどこに行くんでしょう。外国だといわゆるスラムがあるじゃないですか。日本の場合は、金持っている人も持っていない人も、比較的同じようなところに住んでいるような感じがあって、じゃあ、そういう人たちはどこに行くのか。逆に言えば、そういう人がどこに行くのかわからなさが、貧困層の見えにくさになっているような気がするんです。

雨宮　マックじゃないですか。この前びっくりしたのが、夜一二時頃、内幸町のマクドナルドに行ったんですよ。そしたらいっぱいいたんですよ、マック難民が。新宿、渋谷じゃないんですよ。

杉田　なるほど。地元の川崎市の南部に「川崎水曜パトロールの会」という野宿者支援の団体があるんですけど、そこの支援者の人に聞いたら、週末ホームレス、たとえば友達の家に泊まれる日は泊まり、お金があるときはネットカフェに行って、週の何日かは公園に野宿にやってくる。そういう生活をしている人たちもいる。実態が把握しにくいわけですよね。

赤木　いままでだったら、ホームレスはたとえば公園にブルーテントで家つくったり、ドヤ街に集まったり、比較的捕捉しやすかったのかもしれないですけどね。

杉田　みんなばらばらになっていますからね。ただ、日本のように三万人も路上で生活している状況は、必ずしも当たり前じゃないみたいですよ。イギリスなどでは夜間はほとんどシェルターに泊まるらしいんですよね。

雨宮　ですよね。アメリカも教会とか。

杉田　だから、完全な路上生活が三万人っていうのは…。

雨宮　一番日本はきついって言いますよね。

杉田　かなり厳しいみたいです。ロシアとかもめちゃくちゃみたいですけどね。

生活保護を受けない理由

赤木　自分の言っている「下方の平等」ですよね。平等が下のほうに、戦争もそうですけれども、以前の、みんなが賃金で苦しむような平等というのが出てくれれば、みんながある程度貧困を体験していれば、ここまでの疎外感というのはないような気がするんです。

杉田　そうでしょうね。ただ、高齢者の貧困も広がっているみたいですよ。

雨宮　いまの貧困、高齢者も若い人もそうだけど、昔の貧困と質が違うじゃないですか。貧乏なうえに孤独っていうのが一番大きいと思うんですよ。貧困で、孤独で、それを言えなくさせられていて、「自己責任」と言われている。これ、かなり昔と違うと思うんですよ。

杉田　大阪では現在、五〇代後半とか六〇歳の人にはもう生活保護をがんがん出しているらしい。そうするとアパートには住めるんだけど、いままでは公園や路上の野宿者コミュニティに属して生きていたわけだから、孤独化して、逆に不幸になったり、そのまま燃え尽きるように死んでいくケースも珍しくないらしい。そこは悩ましいところみたいですね。

雨宮　「もやい」の取り組みは、その後のフォローまでしていますもんね。

杉田　そうそう。たとえば知的障害の独り暮らしなんかでも、その後のフォローが大事ですからね。

赤木　でも、自分として何かそれは…、それこそ自己責任みたいな感じですよ。「それは甘えなんじゃないか」っていう。

雨宮　まあ生き方の問題として、それぞれ趣味がありますからね。

杉田　生活保護をもらえたら結構望ましい状況ですか、赤木さん的には。

赤木　そうですね、とりあえずの点として。ただ、労働との関係が。生活保護を受けながら労働していくっていうのが、日本の生活保護の制度だとちょっと厳しい。

杉田　就労していることを理由に生活保護を取り下げれられちゃったり。

赤木　働いていると生活保護を受けられない。けれども、生活保護より年収が低かったりするっていう状況がある。自分としてはやっぱり仕事を人間の尊厳の基本だと思いたいんですよ。賃金労働にしても、主婦労働でもいいですけれども、とにかく社会に対して自分が関わっていくということは、やっぱり仕事が中心だと思うんですよね。だから、そこをぶれさせたくないんで、今の状況だと、生活保護を受けるのは、さっき「自己責任」なんて言いましたけども、やっぱり自分にとって考えるときついんじゃないかなと思いますよね。

雨宮　しかも、そこにバッシングがあるっていうことですよね。ほとんどの人、おとしめられていますからね。

生存権の要求

杉田　赤木さんは「仕事が重要」とおっしゃいましたけど、可能であればどういう仕事がしたいですか。もともとプログラマー志望と言っていたから、そういう仕事ならば生活の尊厳がある、という感じですか。

赤木　いや、フリーターでも十分だと思いますよ。コンビニや本屋やガソリンスタンドとか、そうした仕事でも十分に社会と関わっているということ、必要な仕事ですからね、それは。

杉田　なるほど。つまり、生活費さえそこそこ稼げるなら……。

赤木　年収三〇〇万もあれば、それで普通に暮らしていけるんですよね。

杉田　それは僕もそう思います。介護の仕事で三〇〇万なら十分だと思います。

雨宮　本当にフリーター側の望みって、すごいささやかじゃないですか。

杉田　年収一〇〇〇万とかじゃないですからね。

雨宮　だって「何を求めている？」っていう話なんですよ、若者側は、プレカリアート側は。年収三〇〇万とか、普通に働ける仕事とか、それで食っていける仕事とか、自立生活できるお金だとか、それしか求めてないんですよ。それなのに何で安倍とか経団連とかはあんなに強欲なんですかね（笑）。

赤木　やっぱり資本って要はそういうもんじゃないですか。ものに対してどんどん付加価値を付けていくことで、いくらお金を浪費しても、浪費し足りないような状況にもっていっているのは、要は資本が拡大していくっていうことですよね。それこそさっき言ったような軽自動車よりも普通車、普通車より3ナンバー、3ナンバーよりももっといろいろな高級車と、そうしたところにどんどんステップアップしていって、多分、仮に三〇〇万もらったとして足りないと思っている者と同じように、一〇〇〇万もらっている人は足りないと思っているし、たぶん、一億、二億もらっている人も、自分たちはお金が足りないと思っているんだと思うんですよ。

雨宮　ほんとうにすごいささやかなことを求めているだけ。突き詰めれば生存権です。生存権しか求めてない。年収三〇〇万って、生存権の話だと思うんですよ。普通に妻子を養えるだとか、そういう。何でそれすら満たされなくて、こんな罵倒されながら生きてなくちゃいけないんだ。何かだんだん私が「戦争」って言いたくなっちゃう気分に（笑）。

赤木　国は週四〇時間労働みたいなこと言うわけじゃないですか。だったら、週四〇時間働いていればそれぐらいのお金は手に入らなきゃおかしいんですよね、ほんとうは。

雨宮　そうなんですよ。あと、正社員層の長時間労働で、若い人で一日一七時間労働とかしている人は、せめて一五時間労働にしてほしいとか、そういうことを望むわけですよ。普通に八時間労働を望めないですよね。これは格差どころじゃないですよ。何かすごい暴力的なことというか。

赤木　あまりに労働の価値を高く見積もったり、低く見積もったりし過ぎている感じがありますよね。いわゆる貧困問題を生き方の問題にしがちな人も、そういうところに陥っているような気がします。そういうことをしがちな、左側の人ですね。

希望は戦争でなくなるとき

雨宮　また赤木さんへの質問です。「赤木さんがご自身のおっしゃるところの尊厳を保障された、ある程度所得のある仕事に就かれた場合、それでも戦争を希望されますか」。

赤木　そうですね。その場合は結構、臆面もなく平和を望んだりするかもしれないとは思います（笑）。

雨宮　よかった。そういうもんですよね。

赤木　ある意味、戦争であるとか、ナショナリズムを利用するという感覚でやっているので、自分がある程度まともな立場になってしまえば、そうしたことはやっぱり感覚としては薄れていきますよね。もちろん、スタンスの取りようはいくらでもあるんだとは思いますけれど、率直に「希望は戦争」というようなことはたぶん言えないと思います。何かいろいろ保留を付けて言わなきゃいけない。

杉田　まじめな話なんですけど、たとえばそうなったら、逆に自分より弱い立場の人を叩いたりしないんですかね。どう思いますか。わが身を振り返っても「結構危ういかな」とか思っちゃうんですよね。不安定な身分が続くと、ほんのわずかな既得権ですら、自分以下の人間を蹴り落としてでも守りたいという。

雨宮　それありますよね。

杉田　底辺を経験させられたが故に、むしろそうなりがちかなと。自分を含めて考えるんですけど。ただ、「弱いものがさらに弱いものを叩く」悪循環に、生活に余裕があるから加担せずに済むというのでは弱くて、底辺の不安定な生活を強いられながら拒絶する、という精神こそが本物だと思います。

赤木　むしろ、今まで高度経済成長で支えられてきた人よりは、変なプライドを持ちそうな気がしますよね。

親との関係

杉田　これも、場をしらけさせちゃうかもしれないんですが、たしかに世代ごとの貧困という事実はあるんですが、世代の全員が平等にそうなるわけでもなくて…。つまり親の資産ですよね。資産相続、資産移転の問題がある。

雨宮　それは、資産なきゃ、大学行けないですからね。高校もね。

杉田　それで、赤木さんまた嫌な思いさせるかもしれないんだけど…。日記を読んでいて気になったのは、やっぱり両親に対する執拗な憎しみと罵倒なんですね。

赤木　ああ、ありますね。

杉田　とくにすごかったのは、親からの仕送りが遅れたことに対する憎しみ（笑）。一日遅れただけでえらい怒りまくっている。

雨宮　罵倒しているんですか（笑）。

杉田　「母はカマドウマよりバカ」とか、「アメーバ以下」とか、犬よりひどいとか（笑）。

雨宮　仕送り遅れただけで？（笑）

赤木　いやいや、それはもっとそのバックグラウンドにいろいろあるんですよ。

杉田　親に対する独特の感情の問題っていうのは、結構大きいと思っていて。

雨宮　そうそう。フリーターと親関係、大きいんですよ。お二人は、関係どうですか？

赤木　おれ、ほとんど話さないですね（笑）。

杉田　ぶっちゃけると、自分はまったく恵まれているなと思うのは、原付で人をひいちゃって、二五歳ぐらいのときに借金しているんですけど…。自賠責保険しか入っていなくて。いろいろあったけど借金が一〇〇〇万円くらいだったんですよね。

雨宮　えー。

杉田　親から借りたんです。借りていなかったら、もっとずっと悲惨な生活だったと思う。親の恩恵でいまがある、っていうのはもう容赦なくそうなんです。別に親も金持ちじゃないですよ、普通の中産家庭の老後の資金をぶんどって、いまここで自分が生きているわけですから。その問題が大きいと思ったのは、雨宮さんの『生きさせろ！』を読んだときに、親的なものへの不思議な冷淡さがあると思ったんです。つまり、自分の生活資金の出所っていうか、ホスト（宿主）っていうか。

雨宮　はいはい、メインバンクというんですか。

杉田　そういうニュアンスがちょっと感じられるところがある。ひきこもり系の人たちだともう少し繊細で複雑な感情のやりとりがある気がするんだけど、そうじゃなくて、何か親をたんなる遺産とか生活財のようなものとして捉えてしまっている。

雨宮・赤木　うん。

杉田　ほんとうだったら、社会との戦争を希望する前に、目の前の親ともっと葛藤や戦争があっていいのに、割とこの世代の人たちというのは、そこを微妙にスキップしてしまっているというかな。何かその辺はちゃんと考えておかないと、さっきの既得権の話じゃないけれど、今後の運動のつまづきの石になりかねない。たとえば金持ちフリーターとそうじゃないフリーターの断絶が、暴力をさらにヒートさせていくかもしれない。

雨宮　それは私も思って、フリーターのとき、親との関係すっごい悪かったんです。でも、いまは別にいいんですよ。それを思うと、私はフリーター、ニート、ひきこもりの人との接点がたくさんあるんですけど、一方で、同じような作家、マンガ家とかミュージシャンみたいな人とも付き合いがある。同世代で、かなり底辺とされる人と成功者の人との付き合いが同時にあるわけですね。フリーターとかニート、ひきこもりは、親との関係、みんな悪いんですよ。ものすごいバトルをしている。で、同世代の成功者のほうは、すごい親孝行しているんですよ。

杉田　なるほど。

雨宮　そこの差ってじつは全然なくて、その成功者たちって、フリーターでやってきて、たまたま成功した人たちだったりして。そこで思うのは、そこで奪われているフリーター側の「親孝行もできない」っていう問題、金銭的な。それによって親との関係がもっと悪くなる。フリーターだから親は怒りますし、そこのねじれというか。成功しちゃうとくったくなく親孝行できちゃう人たち。そこが何かすごいつらいなと。ほんとうは「成功して親孝行できればいい」と思っているフリーターっていっぱいいると思うんですよ。親とどんなに仲が悪くても。それを思うとね…。

杉田　赤木さんは、自分のご両親に対するポジティブ感情はないんですか。

赤木　ポジティブ感情ね…。

杉田　『論座』の原稿でも、「親も地元も嫌いで」とさらっとスルーしているんだけど、ほんとはもっと複雑な何かがあるんじゃないですか。別に無理やり「愛せ」という意味じゃないですよ。ただ、もっと何かがあるはずなのに、そこが割とドライにスルーされていく、そのことに赤木さんの無意識の何かがあるという…。

赤木　どうですかね。少なくとも自分はそこに何があるとは思わないので…。新しい視点だと思うので、ちょっとここでは…。考えておこうと思います（笑）。

杉田　つまりさっきの「自分が憎んでいる相手であるにもかかわらず、苦しむ様を見たくない」と言ったその視点を、目の前にいる自分の親に対して心からごまかしなく言えたときに、赤木さんのステージがさらに上がるんじゃないかな。

赤木　なるほど。

杉田　一度赤木さんなりに突き詰めてみると、何か出てくるんじゃないかなという気はしました。

赤木　そうですね。気が向いたら（笑）。宿題にしておきますね。

戦後初めて社会に対抗している世代

雨宮　『論座』一月号に赤木さんが「希望は、戦争。」を書いて、四月号に佐高信さんとか福島みずほさんとかの応答があって、その後また赤木さんが、「けっきょく、「自己責任」ですか」という文章を書きましたね。そこで赤木さんは宿題を出していますね、自分に対して。それについてちょっと聞きたいなと思って…。その宿題とは「1、戦争はそれ自体が不幸を生み出すものの、硬直化した社会を再び円滑に流動させるための必要悪ではないのか。戦争がなくなれば社会が硬直化、すなわち格差が発生し、一部の人に不幸を押し付けることになる。ならば、戦争がなく、同時にみんなが幸福な社会というようなものは夢物語に過ぎないのだろうか。2、成功した人や生活の安定を望む人は、社会が硬直化することを望んでいる。そうした勢力に対抗し、流動性を必須のものとして、人類全体で支えていくような社会づくりは本当に可能だろうか」。

赤木　そうですね。結局のところ、戦争の問題かどうかっていうのは、信頼関係であるとか、説得できるか否かっていうことで、多分おれは人を説得できないと見ている。説得できないと見ているので、「戦争によって壊すべきだ」ということを言うわけですけれども。

雨宮　難しい宿題ですよね。ということで、そろそろトークも終わりに近付いてきたんですが、何か私はうれしいですね。同じ年の三人がフリーター問題と戦争と格差なんかを語るっていうのは、絶対これ、超最先端のことなので、ここにいる人は自慢したほうがいいですよ。「おれはここに来た」と。この問題が一番熱い。だって、ナショナリズムから、戦争から、憲法から全部含んでいるわけじゃないですか。この今日のテーマって。

赤木　何かやっぱり、自分のなかではそうしたことを考えることが、多分、戦後民主資本主義のすごい総括的なものになるのかなっていう気がしますよね。

雨宮　そう。今日、七五年や七四年生まれのお客さんも結構多いようなんですが、そこでよかったと思うのは、考えざるを得なかったということですよね、社会や政治のことを。バブルで私たち社会に出たら、どうしようもないバカだったと思うんですよ。

赤木・杉田　（笑）

雨宮　もう何も考えずに。それで、生きられちゃったと思うのね。でも、生きられないわけじゃないですか。金はない、仕事はない、どうすればいいか分からない。そこで初めて回路が社会に向かったと思うので。みなさんもともと興味あったわけじゃないですよね、社会とか政治のことに。

杉田　まったくそのとおりですね。

雨宮　自分が生きられないから考えたわけですよね。そこは三人共通のところなので、ある意味よかったなというか。

赤木　この辺が、戦後初めて社会に本当の意味で対抗しようとしている世代だと思うんですよね。

雨宮　そうそう。それは思う。

赤木　いわゆる全共闘だとか、あの辺って、そういうことだとは思わないんですよ。一時的な何か遊びのような感じで、ああいうの「はやった」っていう程度のことであると思っているんですよ。気が悪くなったら申し訳ないですけど。

雨宮　いや、いいじゃないですか、気悪くしても（笑）。それで、宿題に関してはどう思いましたか、杉田さん。

杉田　えーと、よく分からなかったです（笑）。

雨宮　すごい論客だと思っていたのに、意外と…（笑）。

杉田　これも、じゃあ、僕の宿題にもさせてください。ブログか何かで書きます。

戦争以上のすごいこと

雨宮　ネットラジオのほうは、そろそろ終了となりますので、最後に一言ずつ、いま聴いているフリーター、ニート、ひきこもりの皆さんたちに、あるいは正社員の皆さんたちに、何かメッセージがありましたらどうぞ。

赤木　自分が社会に対して一番訴えかけられたというのは、たぶん、いままでの既存の批判の枠というのを明確にはずして、逆に左翼的な平和の論理が平等を侵しているんじゃないかっていうことは言えたことだと思うんで、たぶんそうしたほんとうに学問ではないところで知的な、自分のことを「知的」って変な感じですけど、すごく考えたり、いろいろやってみることが重要なんじゃないかなと思います。ネットなんか見ていると、ほんとうに力のある人いっぱいいるので、そういう人たちがどこかに出てきてくれればすごく頼もしいなと思いますよね。

杉田　いまネットラジオで聞いてくれている皆さんに、引きこもりやニートの人もいるんでしょうが、自分の欲望や希望のポテンシャルを自分から低く見積もらないでくれって伝えたい。革命や戦争どころか、それらの言葉ですらくくれないような、何かもっとすごいことをやれるはずだと…。

雨宮　革命とか戦争以上ですか。

杉田　そういう何かがあるはずだ、と僕は信じているので。具体的にはそれは何なのか、皆さんと一緒に考えられたらと思います。今日はありがとうございました。

※本章は、『雨宮処凛の「オールニートニッポン」』（祥伝社新書）所収の鼎談に加筆したものです。

2

この生きづらさをもう「ないこと」にしない

——プレカリアートな女たち

貴戸理恵×雨宮処凛×栗田隆子×大澤信亮

2007年6月24日　立川・オリオン書房ノルテ店

フリーター問題は女性労働問題である

大澤　フリーターズフリーの当初からあった中心的議論のひとつに、「フリーター問題は女性労働問題である」というテーマがあるんです。これは生田武志さんがずっと拘《こだわ》っていることですが、データ的な事実として、フリーターの六割は女性であり、派遣労働・パート労働の九割は女性が担っている。でも、一般的に「フリーター問題」や「不安定就労問題」という言葉でイメージされたり議論されるのは、圧倒的に若年層の男性ですよね。女性を中心に語られることはまずない。というか、フリーター、パート労働をやってきた女性からすれば、「そんなこととっくにやってきたよ、いまさら何だ」と思うかもしれません。ようするに「フリーター問題」は、大卒の男がコンビニでバイトをやっている、という状況が出てきてはじめて「問題」になったわけです。とすれば、そういうフリーター的状況に直面させられ続けてきた女性の在り方について考えることが、今の状況に対して本質的な視線をもたらすのではないか。そういった視点から「労働」を考えてみたいと思い、今回のイベントを企画しました。どうなるのか僕自身とても楽しみです。それでは栗田さんお願いします。

栗田　1号に「〝ないものとされたもの〟これくしょん」を書いたフリーターズフリー組合員の栗田です。実は私は、よく体調が悪くなって倒れます。緊張すればするほど倒れてしまうし、人を前にして話すという教室みたいな空間も苦手なので、今日は皆さんがきちんと座っているのをどう崩せるか、そんなことばかり考えています。私はフリーターズフリーのなかで紅一点でした。女を代表する気がなくても代表するような立場になってしまう。たとえば「多くの女性が就いていた不安定雇用の立場に、男性達が立たされてはじめて「フリーター」として問題化された」といった発言も、ことさら「言わなければ」と思ってしまう。しかし女が複数いればそこまで気負う必要がない、やっと女一人の状態から解放された、うれしいということをまずはお伝えしたいです。

フリーター問題は最近では貧困問題として語られることが多いですが、その場合、女性の家事労働や零細工場の家内労働、つまり「アンペイド・ワーク（無償労働）」を切り離して考えたらおかしいだろうと思っています。『アンペイド・ワークとは何か』（川崎賢子ほか編、藤原書店、二〇〇〇年）という本のなかで、「女性は世界の三分の二の労働をおこなっているが、収入は五％でしかなく資産は一％にしか及ばない」というＩＬＯ（国際労働機関）の発表が引かれていますが、その後、この状況が劇的に変わったとは思えません。私のように結婚もしておらず、非常勤公務員という一年契約の事務職の仕事をしている人間にとっては、独身男性とは違った形で、しかし剝き出しのフリーター問題に出会わざるをえないと感じていました。話のネタに、今日は『ＤＯＭＯ』（vol. 515・2007/6/7〜13）というアルバイト情報誌を持ってきました（次頁）。かわいい男の子とフツーのおばさんのなかに化け物のように描かれた女の人が数人いるという表紙です。これがフリーターの独身（と思われる）女性に向けられた世間の目なのかなと思いました。よく「男は一生働くけれど、女は結婚できるから」と言いますが、じゃあ結婚できなかったらどうするの、ということなわけです。

今日は雨宮さんとお話しするということで、いくつか作品を読ませていただいたのですが、なぜか『生きさせろ！』ではなく『バンギャル　ア　ゴーゴー』ばかり読んでいました。『バンギャル　ア　ゴーゴー』という本はバンドマンの追っかけをしている女の子（バンギャル）たちを描いた小説で、彼女たちが上京して生きていく中で、キャバクラや風俗店に勤め、バンドマンに貢ぎながらも生きていく姿

が描かれるのですが、私の印象に残った登場人物は「如月雅《きさらぎみやび》」という、すごくもっさりした、いわゆる「女性性」資源のない女の子で、そういうバンギャルは相当に大変なのではないか、と思ったわけです。

雨宮　いま、『バンギャル　ア　ゴーゴー』の続編小説を書こうと思って、つまり『レッツ　ゴー　ババンギャ』ですね。「バンギャル」が年をとって「ババンギャ」（笑）、高校を出て上京して、そのいきおいで東京にいるという三〇代の女性、私もそのひとりです。彼女たちが三〇代になって就職もしていないし、もちろん誰も結婚していない。でも結婚とか恋愛とかで幸せになるというストーリーは書きたくないので、そうではない形で小説を書こうとしています。

栗田　そうなんですか？　いま初めて知りました。

雨宮　誰にも言ってないですし、まだ原稿用紙五枚くらいしか書いていないんですけど（笑）。如月雅ちゃんは、そのなかではローソンとかあらゆるコンビニで働いていたという設定にしています。

栗田　雅ちゃんはバンギャルというところからもズレて

いる。雅ちゃんは第一印象はもっさくても徐々に良さが出て、「いい子」と小説の中で登場する女の子達に言われるような子なんですね。麦茶を買わずに節約して自分で作っていたりして（笑）。私はフリーターについて考える時には、そういう地味な女性の存在を念頭に置きつつ、家事労働のあり方等にこだわってきました。それはなぜかというと、自分の家族の話になるのですが、両親が共働きなうえに、母親が家事労働を背負い、常に母がイライラしている家庭に育ったからだと思います。どうして女性が家事のすべてを背負い、なかんずく家事はお金にすらならず、資本制のなかで軽視されているのかと考えしまうわけです。そのような肉体労働・単純労働を軽視するのはなぜかという問題意識が、後にフリーター問題へと接続されました。フリーターの仕事も、レジ、ウェイトレス、皿洗いなど家事的な仕事が多いですよね。そのような肉体労働、単純労働に対する価値観への疑いまで含めないとフリーター問題の深みに入れない気がします。

少し話が飛びますが、フェミニズムというものは、そういった私の「家事労働はなぜ女がやることが前提なのか」という素朴な問いに答えてくれるものだったんです。資本制に巻き込まれるような仕事は嫌だ、結婚も嫌だとなったときに、三〇歳過ぎの女がどう生きていくのか……。フェミニズム、ないしウーマンリブはかつて「ブスで、モテない女」がやると言われたらしいのですが、ある程度「ブス上等」と開き直る、そこから始めるしかないのではないか。結婚もできない、仕事もできない、華やかに女性性を生きられるわけでもない状態の女、それは「ないもの」ではなくて現に存在している、そこからはじめなければどうしようもない、1号に寄せた文章のタイトルでもある「ないものとされた」という言葉には、そういった思いつめたものがあったんです。

また、さきほど私は「よく倒れる」という話をしましたが、雨宮さんの作品に『アトピーの女王』という本があるように、アトピーのような、それで死ぬわけではないけれど、労働をする際に大きなハードルとなる病気というのも実はいっぱいある。また病気じゃないけれど、生理だって、出産だって時として仕事のハードルになる。「障害」といえるほどはっきりとしたものではなくても、九時から五時までフルタイムで働くあり方に馴染めない身体状況にある人もいっぱいいる。そういうことも世間では目立たず、「ないものとされてきた」のではないかな、と。まずは「ないものとされてきた」ことをひとつずつ取り上げてみたかったんです。

「自分を専業主婦にしてくれるような男がいない」という悩み

大澤　ここで女性性について考えてみる必要があるんじゃないでしょうか。栗田さんが「ブスで上等」だと述べる一方、1号に寄稿して頂いた貴戸さんの「「不登校の〝その後〟を生きる女性の語り」に向けて」という文章では、また異なる感覚が述べられている。貴戸さんの感覚においては、小学校時代の不登校という状態は非常に苦しかった、しかし、成長して男性から恋愛対象としてみられるようになると、多少変な女でもOKとなり、完全に肯定されているわけではないけれど、気がラクになるというところがあったと、そのように読めたんですね。貴戸さん、その点はどうでしょうか。

貴戸　こんにちは、貴戸理恵と申します。『フリーターズフリー』に書かせていただいた、「おやじに尻撫でられるのくらい何でもないんだよ。子どもの尻を叩いて受験勉強をさせるのなんかに比べれば。私は馬鹿にされているほうがマシだ。プライドなんかありはしない」という、1号の表紙に掲載された私の文章からの抜き書きを読んだときに、「そこに目が行くなんてすごく男らしい」と思いました（笑）。

女性と非正規雇用についてですが、私もいろいろなバイトをしてきました。女の子がたくさんいる職場が多かったのですが、二〇代後半から三〇代前半の彼女達の悩みは、「給料が安い」とか「正社員になりたい」というものではなかったんですね。何かというと、「自分を専業主婦にしてくれるような男がいない」と。これは私にもよく分かる感覚でした。

私は小学校一年から六年まで学校に行かずに家にいました。そのころは社会につながるとか、人とつながるということに、拠り所が何もありませんでした。それでも小さなときは、その拠り所を身体のレベルで作り出そうとしていたんですね。たとえば横断歩道を渡るときは必ず右足から出す、スプーンやフォークをかちゃかちゃいわせる音を耳元で聞く、そうすると安心する、といったように。みんなは学校に行っているのに、自分は学校に行くことがとてもつらい。みんなはスニーカーなのに、自分だけは泥がたくさんついた重い長靴をはいているみたいに、一歩一歩がすごく重くなってしまう。周囲と自分のあいだに圧倒的な違和感がありました。相当変な子どもだったと思います。子どもの社会は残酷で、「変な子ども」には居場所がない。でも、思春期になると、多少暗くてじめっとしていても、「変な女」にはそれなりに居場所があるんですね。

雨宮さんの『ともだち刑』という中学校の部活の中のいじめを描いた小説には、主人公の女性が二〇歳くらいになって、かつて自分をいじめていた女の子のボーイフレンドを取ることで過去の力関係を書き換えていく、というシーンがあります。山田詠美さんのいじめを描いた作品でも、主人公の女の子がある種の凶暴な子ども同士の共同体から脱出する契機が、女性として男性に触れることになっています。集団の中での「普通」「変」という規準は、男女間の二者関係で個人的に覆すことができる。それは「変な女」にとっては、ある種の生きる知恵ですね。私自身、その知恵を駆使してきたという実感があります。私に限らず、結婚したり彼氏ができたりして、生きるのが楽になったという女性は実際にいます。理解ある夫の側で鬱病を生き抜いてます、というような。楽になったという彼女たちの実感や知恵を否定することは誰にもできません。

大澤　そういう女性的なポジションから考えた場合、何を問題にすべきなのでしょうか。

貴戸　個々の女性の実感を否定することなく、それと並行して「女は結婚すれば解決する」という裏返しの女性差別を問題にしていくということではないでしょうか。私自身のことでいえば、学校には行くことができなかった、そして女性としては折り合いがついた。実際そうだったということと、その仕組みをどう考えるかということは分けなくてはなりません。大学の時に社会学をやっていて、フェミニズムの「女性の生きる二つの道」という考え方を教わりました。女性の生きる道のひとつは「業績を売る道」。これは勉強を頑張っていい大学に入っていい企業に就職してキャリアを積んで男並みに生きる道です。もう一つは、「女性性を売る道」。男並みの競争から降りて、妻として母として女らしく生きる道です。つまり男並みに生きるか女らしさを目指すか、医者を目指すか医者夫人を目指すかという二つの道がある、と。

しかし、実際にそんな道があるのか。第一、女性が男並みに生きていく道がいまだかつてほんとうにあったんだろうか。男並みに競争するという道は、介護や育児を一手に担っている状態では成り立たないですから、結局「男並みにはなれない自分」を発見してしまう。この道は実際にはほとんどありえない選択肢だったと思います。また第二に、栗田さんのおっしゃった「女性フリーター」のように、「男並み」にも「女らしさ」にもいかない女性が層として出現し始めている。そもそも、「男並みか、女らしさか」という発想には、男性に依存すれば食べていける、つまり男性なら安定した職について妻子を養っていけるという前提があります。現代は、もうその前提そのものが立ち行かない。「主婦」「母親」という女性役割のうちに閉じ込められることさえ、もはやなりたくてもなれない、過去の牧歌的風景にみえてしまうほど容赦のない時代に思えます。

大澤　明治時代に「母性保護論争」というのがありましたよね。「国家は特別に母性の保護をするべきだ」「妊娠・出産・育児期の女性は国家によって保護されるべきだ」という母性中心主義を唱えた平塚らいてうと、「婦人は国家にも男子にも依存すべきではない」という女性の自立の道を唱えた与謝野晶子があらわれたとき、山川菊栄が「いや違う、その対立の構図自体を変える必要があるんだ」といって論争に参入したという。これは八〇年代後半に、職場に赤ちゃんを連れてきたアグネス・チャンを、林真理子や中野翠らが「プロ意識が足りない」と批判したさい、上野千鶴子らがより社会的な文脈で反批判した、いわゆる「アグネス論争」において同型的に反復された、と斎藤美奈子が分析しています。

栗田　女性保護論争は、それはそれで重要なのですが、貴戸さんの話と同様、いまはその対立すら牧歌的な感じがします。もう男だろうが女だろうが、使い捨てにできる労働力ならなんでもいいやと、それこそ経団連の人たちあたりが開き直ってしまったような気がします。

大澤　雨宮さんが結婚がハッピーエンドと思えなくなったのはいつからですか？

雨宮　前からですね。結婚があがりなんて大きな勘違い。三日くらいで終わるという（笑）。恋愛とか、最初からそっちに期待すらしたことがなくて。子どものころから私は働いて生きていきたい、と思っていました。

大澤　結婚という道をそこまで徹底して拒否するのはなぜでしょうか。これはむしろ自分自身の問いとして素朴に思うんですよ。僕も結婚に憧れを感じたことはない。子供を欲しいと思ったこともない。かりに妻子をもうけて一家を守るというのが「男の真っ当な生き方」だとすれば、僕はそこからは完全に外れているし、それに対して何の負い目も感じていません。ただ、既存の「男」的な価値観への違和が、必ずしも子供を育てることの否定につながることもないはずですよね。結婚ではない結婚、家庭ではない家庭、本当はそういうものを考えられるかもしれないのに、今の自分は「男」的な価値観へのアンチの状態に留まっている。でも、貴戸さんが不登校という問題を社会学という学問を通じてはじめて考えられるようになったように、正面から考え直せるのかなとも思ったんです。

雨宮　フリーターは男ですよね、二〇〜三〇代の男。でも実は女性労働の問題というのが根本にあって、それをやっていかなければと日々思っていたのですが、私はずっと女性からいじめられてきたんで、なかなかそっちにすすめない。女性労働問題をやることにすごくハードルが高いんですよ。

栗田　『生きさせろ!』もそうですが、『右翼と左翼はどうちがう?』でも、たしかに対談相手は男性ばかりですよね。

雨宮　それは、「右翼」「左翼」の世界が圧倒的に男社会だったことが大きいのですが、恋愛とかではなく、そもそも私自身の人生のきっかけを与えてくれた人は全部男性でした。女性はあえて避けてきた。『生きさせろ!』のなかでも登場するのは二人だけですね、女性は。自分が向き合わないといけないのはそこかなと思います。

貴戸　私が不登校だったときは、集団が怖く、それはもうどうしようもない恐ろしさでした。でも二者関係であれば、自分の裁量でコミュニケーションできるので、男性でも女性でもわりと平気です。

大澤　雨宮さんの話で重要だと思うのは、女性の問題に関わることが、そのまま自分を否定することになるという点です。そのときに女性の立場から社会を変えていく力をどう獲得できるのか。たとえば栗田さんと話していると、家事労働において女性を自覚させられるという感覚があるようなのですが、雨宮さんは家事労働されてます？

雨宮　してますよ、ふつうに。男性・女性で関わりなくやるものだし、当たり前に自分でやる。でも、おじさんとかで、たまに自分でできないひとがいる。あれはほんとうに理解できない。カッコワルイなあと。上下関係とかぜんぜんないのに、あたしに「コピー取って」とか、「これ配って」だとかそういうことをふつうに頼むメンタリティの人がいるんですよね。そこから逃げたくて、逃げたくて、逃亡してきたんですよ。逃げてきたけれど、たまに逃亡しきれないときもありますが。

大澤　貴戸さんは著書のなかで、家事を手伝わなかったという話があるんですけど、自分の生活の中で家事というものをどう捉えていますか。

貴戸　今はひとり暮らしなので家事はやっています（笑）。しかし人間は家事をせずとも生きられるときには、積極的にやる生き物ではない。実家に居たころは、料理も掃除も洗濯もほとんど母親がやっていました。大学で「女性は家事労働を搾取されている」というフェミニズムの家事労働の概念に出会ったとき、「そうだ、私が搾取されているわけではない。ごめん、おかあさん」と思った。正直、今もあるんですけれど。

栗田　雨宮さん、貴戸さんのお母さんは主婦をされていましたか？

雨宮　専業主婦でした。

貴戸　母は保育現場で働いています。

栗田　うちはパートで母が働いていて、私たち姉妹が家事を手伝わないといけないという切迫した空気が家庭内に流れていました。私は七三年生まれなのですが、小さなころはまだガス釜だったんです。マッチで火をつけるタイプなのですが、それが時々不完全燃焼を起こして爆発する。それで母に怒られる。私は「〝ないものとされたもの〟これくしょん」で、そんな母と娘の関係を執拗に描いたつもりです。たとえば結婚をしている母から、結婚にまるでピンとこないという娘が生まれた。でも結婚をした母こそが、このような娘の価値観を生み出した萌芽ではないか、と。そのころの私は母と娘というより、いわば「姑と嫁」のような関係になってしまって。ともかく母の望みにあらゆる場面でこたえられないのが苦しかった。そして、私のみならず母もフェミニズムの「家事労働」の概念を知ればもっとラクだったのにと思いました。

貴戸　うちは母がフェミニズムの影響を受けた人だったんですね。だから、母に反抗したときにフェミニズムにまで反抗してしまったようなところがあるのかもしれません。家事といえば、そうですね、小学校のころ、お小遣いを貰いますよね。でも、うちは成績があがるとお小遣いがもらえるということはありませんでした。自分のことをやったってお金をもらえるわけではない。誰かの、たとえばお父さんのワイシャツにアイロンをかけたら三〇円とか、そういうことをやっていました。

「社会を変える」際の男性の立ち位置とは？

大澤　さきほど雨宮さんが、女性に雑事を頼むおじさんはカッコ悪いと言っていましたけど、逆に、こういう男性だったらOKというのはありますか？

雨宮・貴戸・栗田　ええー!?

大澤　いや好みのタイプとかじゃないですよ（笑）。ようするに、社会を変えるというときに、男性の側はどう変わっていく必要があるのかなと思って。

雨宮　活動家系の人たちは、すごいそういう意識があって模索していますよね。でも、いまの二〇代の男の子のなかには、おっさんみたいな人は少ないので、若い男に関してはあまり問題を感じないです。若い男がいいって言ってるみたいですけど。

貴戸　女の子をアゴで使ってお茶入れてもらっているおじさんは、稼いでいるからいばっているんですね。稼げない人の方が男性として無害というのはあるかもしれません。

栗田　大澤さんの質問は、男性の好みを聞いているのかと誤解しそうですが…。男の人は、「男」であることを意識していなくて済むみたいなんですよね。それは女性ではおそらくありえないことです。というのは、これは以前、私が大学院にいたときのことですが、ある教授が、自分のクラスで差別について考えるといった内容のゼミを行った際、フェミニズムの話をすると、女の人は反抗であれ、同意であれ、自分の意見がはっきりとレポートにあらわれたと。しかし男子学生はいちように「女性の権利とか、フェミニズムは大事だと思います」といったひどく平凡な内容しか記載されていなかったと言うんですね。それが何を意味しているかといえば、男ということを日々問われず、意識しないで生きていけるということ、それが私の一般的な「男」のイメージです。

大澤　僕は自分が男であることを意識しておきたい。社会学者の宮台真司が『サブカルチャー神話解体』という本で、こういうことを言っていました。小学校以来の男の友人は何歳になっても変わっていない。昔と同じ感覚で話せる。でも、小学校の頃に仲の良かった女の子たちは、成人後に会うとまったく話が通じなくなっていた。そこには成長の過程で本質的に変わらなくてもいい男と、変わらなければいけなかった女というジェンダーの違いがあるんだ、と。その感じはわかるんです。女性は、自分を肯定するにせよ否定するにせよ、女性性を意識せざるをえないのではないか。逆に、もしかしたら僕が男であることを本当に自覚させられるのは、結婚して子供をつくるまでないのかもしれない……。

貴戸　そんなに思い詰めなくてもいいと思うんですけど……。

大澤　ありがとうございます（笑）。でもまあ考えてみます。

「生きさせろ！」そして「誰を生きさせることができるのか？」

大澤　じつはずっと雨宮さんにお会いして言いたかったことがあるんです。それは「生きさせろ！」という要求についてなんですね。アップリンクのトークイベントで杉田さんが同じことを言ったかもしれないですが、「生きさせろ！」とは誰に向けられた言葉なのかなと思って。「生きさせる」力がある人間に対して、自分たちを「生きさせろ！」と言っているのか。僕はそれを否定しない。でも、貧困が社会のせいだとして、何かを要求するときには、何かもっと破壊的なまでの確信が必要だと思うんです。

雨宮　杉田さんに話したときは、若者たちの漠然とした国への要求であったり、当事者からその言葉が出てきているということを話したのですが、これはまず「私を生きさせろ！」ということかなと。それはこの本を書いているうちに思ったことでもあります。作家は書けなくなったら終わり、病気になったら終わりなのだから、まず「私を生きさせろ！」と要求していいのではないかと。物書きなんて究極の切り捨て世界なんで、心身の状態がひどく厳しかったんですよ。「これが売れなかったら辞めよう」とか、それが書き手として当たり前のことなんだと思い込まされていました。

でも、最近は競争に負けたって、生きてていいんだと思えるようになってきたんですね。いままでは、いつか自分が書けなくなったら、自殺するかホームレスになるしかないって思っていたんですが、執筆取材の過程で、さまざまなネットワークを利用することによってホームレスにならないんだ、餓死しないんだってわかったんです。湯浅誠さんらの自立生活サポートセンター「もやい」だったり「POSSE」だったり、もし私が当事者の親戚だったらもやいに電話するだろうなとか、そういうセイフティネットのノウハウを教えてもらったんです。

大澤　僕は雨宮さんの『生き地獄天国』という本がすごく好きなんです。リストカットをしたり、非常に生きづらい状況にあった雨宮さんが右翼の言葉に救われ、それを生きる糧にする。でも、そこで決定的に重要なのは、「天皇万歳」「アメリカ倒せ」といった右翼の言葉が、土屋豊さんという映画監督と向き合う過程で解けていくことだと思うんです。土屋さんが雨宮さんを主人公に撮られた『新しい神様』という作品の撮影中に、洗脳的な言葉とは違う、他者との関係性が自然と核のように結晶して、雨宮さんはそれまで熱心に関わっていた団体を辞める。不安でたまらないけど、それでも自分は自分であると、雨宮さんが変化していくところが本当に感動的でした。それで話を戻すのですが、今の「生きさせろ！」という主張は、「アメリカ倒せ」みたいな感じがするんですね。

雨宮　おっしゃるような部分もあるかもしれませんね。敵が見えたっていう状態ですから。

大澤　こういう話をしたかったのは、映画の中で自分を確認していったようなコアな部分が、この『生きさせろ！』では弱っているのではないかと思ったからです。

雨宮　私としては生きづらさの問題として、プレカリアートという問題に出会い、ネオリベラリズムが悪いとなったので、なんでもかんでも資本主義のせいにして怒っているようにみえるかもしれませんが、でもやはり現場で苦しんでいる、自分を責めている人に敵をみせて、「これが悪いんだよ」というのは有効なんです。

大澤　僕も本当に怒っていいと思う。でも、1号の巻頭言でも書いたように、社会を変えるには、同時にもっと優しくならなければならない。怒りを通過した優しさがある。雨宮さんが右翼の言葉を失ったところから社会を変えることもできると思う。それは敵を見つけて叩く勇ましさとは違う、もっと惨めで不安だけど、かけがえのないものだと思います。

雨宮　『生きさせろ！』は、書き出しが「私たちは反撃を開始する」と、ありえないところから入ってます。初歩の初歩で、まず怒り出すっていうことが必要だと思い、怒りを焚きつけるために書いた。こんな優しくない社会は生きていて初めてですし、こんなに怒るとなかなか優しくなれない。でも、たしかにほんとうは優しくなくてはならないと思います。福島みずほさんとの共著『ワーキングプアの反撃』、これは優しめです。帯が「けっしてあなたのせいではない」って。

大澤　考えていたことを直接お伝えできてよかったです。貴戸さんは今後、不登校と女性問題を考えるときに、どのような活動をされていくのでしょうか。

貴戸　関わる一人ひとりにいろいろな役割があるのではないかと感じます。私も『フリーターズフリー』に原稿を書かせていただいたわけですが、バラバラにされた若者が問題意識を共有する媒体ができるなんて、ほんの数年前は想像できなかったことです。とても衝撃的で、心強いことだと思います。雨宮さんがメディア担当なら私は社会学担当、というように、自分の足場からこの動きを支えて行きたいです。私に社会学を担当されたくないと思っている方もいるかもしれませんが（笑）。

労働経済学や教育社会学では、ニートやフリーターの問題は、通常学校から仕事への移行（トランジション）がうまく行っていない状態というふうに把握されています。学校から仕事への移行を支える社会構造が崩れて、むき出しの個人が競争するようになると、個人的に移行をなしやすい人となしにくい人があらわれる。正規職への就職という形で社会適応する可能性は、みんなに平等に与えられているわけではないんですね。だから、キャリア教育や就職支援をしていくことで、こういう不平等に制度的にアプローチしていくことが提案されます。私は「適応可能性の分配平等」と呼んでいるのですが、それはそれでとても大切なことだと思うんです。でも、それと同時に、学校に行かなくても仕事をしなくても集団に馴染めなくても生きていける、「適応の有無に関わらず生を営む権利」というものも、重要だと思っています。就学や就職を通じてこの社会に「適応」して生きる可能性に、すべての人が公平に開かれていること。そして、「「適応」しなくても生きていける」と、すべての人が思えること。両方必要なんですね。適応の可能性がすべての人にあるとしても、だからといって「適応しなければならない」というわけではないし、「必ずしも適応する必要はない」と言っても、適応可能性に「恵まれた人」と「恵まれていない人」の格差をなし崩しに認めてしまってはいけない。

そういう意味で「生きさせろ」というのはなんと心強いメッセージかと思います。決して「仕事くれ」ではなくて、社会に適応してもしなくても、「ここにいるこの私を生きさせろ！」と言うというパワー。先ほど私は、「女は家事労働を搾取されている」という母親のフェミニズムに反抗したと言いましたが、私の胸にストレートに響いたフェミニズムもありました。それは、女性に男性並みの権利を要求するのではなくて、社会的に弱い立場の人とともに生きるための思想でした。男並みになることは、単体としてならば女にでもできるんですね。ただ、子どもとか老人とか障害者とか依存的な他者を抱えたときに、「女の問題」と呼ばれるものが発生してくる。弱者を切り捨て競争に勝つのではなく、弱者とともに生きる道は何かと考えることを、フェミニズムは教えてくれました。自分の研究でいえば、不登校の子どもや不安定就労の若者が抱えていること、心や体がどうしようもなく抱えているきしみや弱さを愛せるようにしたいと思うし、そのための言葉を作っていきたいと思います。

質疑応答

大澤　それでは質問の時間に移らせていただきます。何か質問がありましたらどうぞ。

質問1　年代ないし、世代間の格差についてはどうお考えになりますか？

雨宮　三五歳以上だと派遣の職がないとか、そういう明らかなラインがありますよね。三五歳以上だとフリーターの定義から漏れてしまいますが、安部晋三なんか放っておいたら一番多い世代のフリーター達がみんな三五歳以上になって数が減り、再チャレンジ政策は成功したと言い出しかねない。三五歳以上は職がないから結婚するだろうとか言われたりして、その年齢以降がほんとうにきつい。女性の非正規労働においては、出産か中絶かなどといった、究極の選択が当たり前のようになされている。「結婚しない云々」とかっていう話は現場を何も知らない議論だとつくづく感じます。

貴戸　世代間の不平等はあると思います。私は七八年生まれですが、私より少し上の世代にはすごいルサンチマンがありますよね。就職氷河期で、雇用が抑制されて、ちょうど就職が一番厳しかった世代。「どの世代にしわ寄せが来ているのか」を考えると本当に不公平です。ルサンチマンが原動力になっているこの世代の書き手は多いのではないでしょうか。

栗田　私は、その年に生まれたらもう不幸みたいな言い方には違和感があります。生まれた年代で運命が変わってしまう、そこにこそなにか意味があるんじゃないのかと。氷河期だからで済まされるのか。

「世代」という言葉でなぜ納得させるような雰囲気が生まれてしまうのか。「七五年生まれ、七八年生まれだから就職できない」と言われたってどうにも納得できないじゃないですか。

貴戸　世代間のギャップって圧倒的だけど、「就職」とか「結婚」とか経験する事柄そのものは同じだから、「自分のときはそうじゃなかった」みたいな言われ方が平気でされますよね。「うるさいよ、時代背景が全然違うんだよ」と思います。

質問2　お話の中で、集団への嫌悪感ということを言われていましたが、フリーターが発言と行動の形をとるなかで、やはり集団みたいなものが出てくると思うんです。運動を起こす場合、そういった集団への嫌悪感をどのようにしてゆけばいいのでしょう。

雨宮　私は学校が嫌だったんです。学校って目的がないですよね、意味もなく集団を形成しなければいけない。いまは関わっている人が全員活動家ですから、たとえば「この集会をする」「このデモをする」と目的がはっきりしている。そういった集団だと問題なくいられるんですけど、ただ何か人と会うとかはものすごく苦痛です、目的もない場合、人とはほぼ関わりません。

貴戸　そうですね、逃げられない集団ではないというのは最低限必要なことだと思います。どんな集団でもトラブルはつきものですが、「抜ける、抜けない」が好きにできるだけでもだいぶ違う。

栗田　フリーターズフリーに参加しているという事実が私にとっての集団を捉えなおす実践であり、実験です。集団というものに多少の安堵と希望を見出せるとしたら、フリーターズフリー内でもいろいろあってしんどいこともありますが、そういう「なんだかんだ」があっても、そうしたトラブル自体を表現できて、それこそ「文句のひとつも」言えること、そういう「場」を生み出すことにこそ可能性と希望があるのではないか、と。

質問3　みなさんの話を聞いていてとても面白かったです。ずいぶん昔の七〇年代、みなさんがまだ生まれていないころ、臨時労働者の戦いというのがあったんですね。そのころは臨労といって、私も参加しましたが、それは、臨時労働から正社員化を要求する闘争でした。しかし、正社員か臨時労働かという闘争はおかしいじゃないか、正社員化を要求していっても結局また新たな臨時労働を作り出していくだけじゃないか、という意見もあった。私はそれを心痛く聞いていたんですが、やはりいま、みなさんの親の年代以上のことが知られていないと思うので、そういった上の世代にもいろいろ話を聞いてもらってもおもしろいのではないかと思いました。

質問4　私は就職して結婚して、家をローンで買って、もう会社からは逃げられない。その立場からみると、きついこともあるだろうけど、やっぱりフリーターは自由でいいよなというやっかみもあるんです。でも最近は、いろいろ辛いし、賃労働から逃れるにはどうすればいいのかということも考えたりする。その点はどのように考えていらっしゃるでしょうか？　また終身雇用と年功序列は復活した方がいいと思いますか？

雨宮　賃労働をどうやってしないか…、私自身も難しい。じゃあ年功序列はよかったのかという問題も重要なテーマですよね。

貴戸　上の世代の人が怒るのって、「俺らはこんなにがんじがらめにされていて、集団の圧力がかかるなかで上司の家の引越しまで手伝ってるのに、お前らは自由だ」という感じですよね。それこそ世代間ギャップというものであるんでしょうけれど。団塊世代なら、学生運動をやっても就職はあった。逆にいうと、就職してしまったら安定した終身雇用の中で未来が見えてしまうから、それまでは暴れることができた。終身雇用と年功序列に戻る道はないし、それが手放しでいいとも思いません。でも、現代の若者はあまりに不安定で暴れることすらできません。賃労働をしないで生きる、主婦にならずに生きるというのは、魅力的ですが現実にはどうすればいいのか…。

栗田　逆に、賃労働じゃない世界を想像することは私たちにとってかなり難しくなってますよね。専業主婦というものも、扶養する夫は賃労働で生きている人が大半だろうから、そこで賃労働システムに組み込まれている。やはり重要なのは集団と賃労働のからみです。賃労働ではない仕事といったとき、それは集団の性質も変わらざるを得ない。そこに問題の根がみつかるように思います。あとさきほどの質問をされた方の「臨労」という省略形が斬新といいますか、その言葉そのものが伝承されていなかったことが気がかりです。ぜひお話を伺いたいです。

大澤　ちなみに、フリーターズフリーは有限責任事業組合なので、建て前としては内部に賃労働はありません。自分たちで資金を出して仕事を作り、自分たちで仕事も収入も分け合うと、おのずと労働の意味が変わります。もちろん、それは外部の資本制社会を前提にしているし、寄稿者やデザイナーには賃金をお支払いしているので、現時点では実験用の孤島のようなものです。今後はそれらをどう社会化していけばいいのか、ということも考えていきたいと思っています。今日は本当にありがとうございました。

3

若者はなぜ「生きさせろ！」と叫ぶのか？

――多様な生の肯定に向けて

雨宮処凛×城繁幸×大澤信亮×栗田隆子×杉田俊介

2007年７月22日　喫茶室ルノアール マイ・スペース ニュー銀座店

正規雇用者とフリーターの対立？――フリーターズフリーの原点として

杉田　フリーターズフリーの原点には、若い正規雇用者とフリーターの人たちの反目や確執をどう考えるか、ということが一つありました。一方では、フリーターなんて甘えているだけ、責任感がない、という批判がありまます。他方で、正社員は会社人間で主体性がない、不自由な人生だ、と否定する人がいる。ネット上の掲示板でもかなり凄惨な争いが以前からあります。でも、それは偽物の対立なんじゃないか。玄田有史さんの『仕事のなかの曖昧な不安』（中央公論新社、二〇〇一年）を読むと、若年正規労働者も長時間労働によって結局安く買い叩かれている。一方フリーターの人たちは、非正規という不安定雇用を強いられ、雇用の安全弁となっている。しかし、そこには、経済学でいう世代効果があります。ある年代に生まれると、どちらにせよ生涯賃金が全体的に低くなるんですね。就職氷河期とかロストジェネレーションと呼ばれます。だから、単純に正規雇用vsフリーターとは言えない。実質的に、似たような境遇にある人が叩き合っているのかもしれない。近いからこそ不安になる、近親憎悪を覚える、そういうことがあると思うんです。それはしかもフリーターが野宿者を叩く、ニートを毛嫌いする、などの構図として縮小再生産されます。

城さんが繰り返し書いているのは、企業の中では会社の中でも既得権層と若い労働者層の間に待遇の差がある。その根っこには、昭和的価値観を前提にした年功序列制度というシステムがある、ということですね。それを壊していけば、若者のみならず、どの人も今よりのびのびと、多様な形で働き生きることができるはずだ、と。他方で雨宮さんは、正規雇用のポストにすら手がとどかず不安定な生活を送る人達の取材を続けていらっしゃいます。プレカリアートなどと呼ばれる人々です。ただ、お二人は別に対立していません。城さんは最近フリーターについてもさまざまな提言をされていますし、すでに『内側からみた富士通――「成果主義」の崩壊』の後半で、派遣女性の現実にも触れていました。もちろん雨宮さんも、過労死する正規雇用者などの現実を同時に取材されています。

ただ、確かにそれは偽の対立かもしれないけれど、じゃあそこではもともと何が争われているか。そのことはもう一度考えられると思うんですね。そして争いや反目を今後乗り越えていくにしても、それはどういう形で乗り越えられるべきなのか。その辺りの話からまず、いかがでしょうか。

城　正社員と非正規の対立っていうのは、ぼくはあまりないと思っているんですよ。

杉田　そうですか？

城　四人のジレンマってあるじゃないですか。疑心暗鬼で対立が生まれる。ネット上はそういう構造になっていますよね。でもリアルな現場で彼らが対立しているかというと、そうでもない。ただ、若年層の正規職員が置かれた現実には、やっぱり問題が多いんですよ。そこには三つのヒエラルキーがあるとぼくは考えているんです。一番上が中高年の正社員。これは今五〇歳以上かな。その下が三五歳未満の若年層の正社員。最後に、若年層の非正規雇用。本当は、真ん中の層は、非正規雇用に近いんですよ。二〇年勤めても出世なんてできない。それに気付いていない人が結構多い。ぼくが非正規雇用の現実を話しても、自分には関係ない、と思っている。そういう人たちを味方につけないと、なかなか体制は動かない、と正直思いますね。

杉田　自分たちは年功序列に乗って一生いけるんじゃないか、という感覚がまだ残っているんでしょうか。

城　そうです。特に今年就職活動している人には、昭和的価値観のゆり戻しがかなり来ていますね。新卒求人倍率が二・一四倍ですから。全員採用したって、企業は半分も人を確保できない。日立、東芝、ソニーのクラスでも、まだたぶん、定員にとどいていません。

雨宮　就職氷河期世代とその下の世代では、ずいぶん雇用の状況が違いますよね。

城　もう年功序列が制度としてダメだとわかっている人は、今キャリアを必死に積んでいる。外資とかベンチャー系を選ぶ人ですよね。それに対して中間層は、いまだにバブル期に近いという錯覚があって、昭和的価値観を引きずっている。自我がないんですよ。事態がはっきりするのは、入社して二〇年後でしょう。バブル世代ですら、四〇手前になってから成果主義が急に導入されて、お前らはもう使えない、と存在を全否定された。今さら転職もできないし、どうするんだって感じでしょう。それが今後も繰り返される可能性は高い。その点、氷河期世代は世間にもまれているから、はなから会社に期待していない。何だかんだいって意識が高いですよ。

雨宮　プレカリアートの取材をしていると、正職員に対する幻想がありますね。甘い汁を吸っている、と思っているんです（笑）。実際はそんなことないでしょう。ただ、色々取材してみても、企業の中の実態って全然分かりませんね。私も一度も就職してないし、フリーター問題に関わっている人って、正社員経験のない人が多い（笑）。だからみんな幻の正社員像があって。

杉田　お互いの立場がうまくイメージできないと、議論もなかなか生産的になりませんよね。城さんが『内側からみた富士通』でドキュメントする社内の実態も、もしかしたら会社人にとってはごく当たり前の光景かもしれませんが…。

大澤　これを読むと、暴力的なものがあちこちに入っていて、凄く危ない感じですよね。フリーターズフリーもそうかもしれないけど（笑）。不満で暴発した社員が鉄パイプで車を破壊したりとか、殺伐としている。城さんも、どういう形でか二、三人の社員が毎月亡くなるから、遺族への補償などの書類的手続きを延々とやっていたとか、シンドラーみたいなことをしている。それと社内には掲示板が設置されていて、一応フリー掲示板という名目なんだけど、本当は誰がどんな書き込みをしたのか上にチェックされていて、ひそかにブラックリストも作られている。人事部では通称ゲシュタポ掲示板と呼ばれていたそうですね（笑）。

城　ぼくの本が出た翌日から、掲示板には誰も書き込みしなくなったらしいです。

一同　（笑）

雨宮　企業の実態を知らないから正社員幻想を抱いている面はありますよね。ボーナスいっぱいもらって結婚できて子供がいて…みたいな。ただ、やっぱり、日雇派遣の人から聞くと、過酷な職場ほど、正社員からの派遣差別はひどいみたいです。きつい仕事ばかり回されるとか、暴力をふるわれたりとか。アスベストが舞うような現場でも、正社員はマスクがないと絶対入らない場所に、派遣社員はマスクも支給されずに仕事させられたり。ガテン系連帯の結成の理由が、正社員と派遣と期間工が混じってお花見をしていたら、正社員から「お前ら人生終っているな」ってさらっと言われて、カチンと来たからなんだそうです。きっと、3Kの職場の正職員が、現場のつらさから非正規をいじめる、という差別の構造があるんですね。きつい現場でこの先何十年も働かなきゃいけないし、派遣社員は次々と入れ替わるから、管理する側としても張りつめている。今取材しているんですけど、労災事故で死んだ二二歳の男性の裁判があって、その工場の職員の人も裁判に証人として来たんですが、悪気もなく「なんでおれたちが外部の会社の人の面倒をみなきゃならないんですか」って感じなんですね。だから安全対策もしていないし、昼休みに一人で働かせて、事故で死んでしまったんです。

杉田 『内から見た富士通』には、企業内に成果主義が導入された時にもそういう「上から下へのブレイクダウン」が生じた、とありますね。目標管理という形で、上から下へときつい部分が下ろされていく。日雇や派遣の末端で生じている暴力が、実は上の方でも生じている。

雨宮 どっちも奴隷じゃないですか。過労自殺した正規職員の人が、成果主義の導入で、それまでは残業代を足して手取り五〇数万だったのが、残業代が一律四万~五万円くらいになって、手取りが一四万円になったそうなんです。これじゃフリーターと同じじゃないですか。責任も重いわけですし。

城 年功序列に乗った上の世代だと、残業代だけで年間四〇〇万とかの人もいるんだよね。まあ、そういう人はだんだんいなくなるだろうけど。

杉田 一応ぼくも身分的にはここ五年くらいNPOの正職員で、しかも立場は管理職なんですよ。末端のNPOなんかはやるんですが、人件費を抑えるために管理職にする。残業代ナシになりますからね。低賃金なのに管理職。ぼくはブルーカラーエグゼンプションって呼んでいるんですけど(笑)。

年功序列制度vs成果主義

城 今の日本でいう成果主義っていうのは、基本的に年功序列と同じなんですよ。たとえば九〇年代半ばから成果主義を入れたのに、初任給は二〇年前と変らない数字で、額面二〇万くらいでしょ。定期昇給がないなら、本当は四〇万くらいから始めるべきですよ。もっといえば、若い人はある程度努力しないと給料が上がらないのに、前からいた人たちは下がらない。労働条件の不利益変更に対する厳しい制限がありますから。仕事ができない人でも降格はまずない。痴漢して現行犯逮捕でもされない限り。すると結局、しわ寄せは若い人にいく。さらにそれでも足りないから、非正規雇用層という新しいグループが作り出された。非正規なんて、九〇年代は一般的な言葉ではなく、人事の一部だけで言われていた言葉です。

　本当の成果主義とは、簡単に言えば、年齢給の完全廃止です。理想は職能給ではなく職務給に一本化することです。日本の企業ではリクルートなんかがそうですね。本人ができる仕事で給料を決める。年俸制です。リクルートは面白いですよ。二〇代の部長が普通にいますからね。普通は四〇代でしょう。もっと面白いのが、採用なんです。職務給だから、入社試験時に年齢・学歴・前職を一切問われません。

雨宮　どうやって決めているんですか？

城　完全に能力です。面接と試験。新卒もいますが、他社からの中途採用や、フリーターもいる。年齢も幅広い。たまにニートも来るそうです。今まで一番面白い人はどんな人でしたか、と人事部長に聞いたら、四〇代のフリーターがいたそうです。採用されました。普通の企業は絶対に採用しないですよ(笑)。四〇代フリーターでも、私はこれだけ仕事ができますよとアピールすれば、本当はそれでいいわけです。でも普通の日本の企業じゃ、絶対ありえません。なぜかというと、年齢給がひっかかるんですね。四〇歳だと、自動的に年収八〇〇万払わなきゃならない。仮に能力が十分あっても、年齢で引っかかるから、採れない。年功序列は平和だと言う人がいるんだけれども、実際はものすごく人の生き方を型にはめてしまう。一回レールを外れると戻れない。そういう負の面があります。

杉田　城さんのブログを読んでいて不思議だったんです。最近女性の総合職が増えてきている。どこも九〇年代までは女性の総合職はほぼゼロだった。年功序列と女性は相性が悪いわけです。結婚や妊娠出産のブランクがありますから。じゃあその次は、少子化が進んで労働力不足だし、フリーター層を雇用しよう、という方向へ行きそうなものですが、そうはならない。経団連元会長の奥田碩さんなんかは、この期に及んでも、じゃあ外国人を日本に連れてくればいい、と言うわけです。素朴に不思議なんですよね。どうしてそこまで嫌うのか。

城　奥田さんたちの世代の人は、昭和的価値観の中にずっといて、それ以外の発想ができないんですね。自社では新卒の男だけを採りたい、という気持が無条件にあるんですよ。

栗田　昨日、二〇〇七年五月一五日に発表された経団連の「今後の賃金制度における基本的な考え方」を読んでいました。今後は女性・高齢者・外国人などの多様な人材を一層活用することが必要となる、とあるんですね。高齢者って、六〇まで働いて、まだ働くのかと（笑）。一応女性の話も出てきますが、それがどんな「女性」のイメージなのか、疑問は尽きない。でもさらに、フリーターの男性のことがここにもまだ出てこないんです。それが結構ショックで。

城　その文書はかなり重要なものです。経団連としては、かなり踏み込んでいる。最初の方で格差の固定を問題にしているでしょ。たとえば、出産と育児休暇で休んだ人は年齢給とギャップができる、だから女性は採用しない、そういう今までのやり方ではダメだ、と経団連は言っている。これはとても正しい。氷河期世代がフリーターに固定されるのは、結局、年齢給のせいだ、とも言っている。最終的には年齢給から職務給にならなければダメだ、と。経団連クラスだと、もう年功序列では日本の経済がもたない、と認識しているんですよ。じゃあ、この流れを誰が邪魔しているかというと、企業内の中高年層です。だって、年齢給を否定すれば、自分の既得権が奪われるんですからね。

栗田　皮肉ですよね。若い人が親元で暮らせばパラサイトシングルと非難されるけど、そのお父さんたちがポストを守っているから、そういうことにならざるをえないわけで。

杉田　城さんは元々大手企業にいて、今は独立してフリーで、実力で生きてきたわけですよね。そういう立場から、フリーターや派遣女性についてもあちこちで発言されている。一方には、現役フリーターや雨宮さんやぼくたちが、自分たちの権利を国や企業に要求していく。ただ、それでは足りない。城さんもおっしゃいましたが、マジョリティの正職員層の現実に繋がらないと、弱いわけです。その場合、逆に、能力があって独立できる人、既に一定のポストのある人が、自分たちの生活の内側から、フリーターのことを考えるという通路は、どこにあるんでしょう。多数派の人々が、やっぱりフリーターの人たちも生きやすいほうが自分たちにとってもいいよね、と思えるような可能性があるのか。

城　うーん。そうですね。さっき言った三つのヒエラルキーでは、現状のままだと三つの層がすべて被害者になる、とぼくは考えている。すごく生き方を狭める制度なんですよ。最近、社会学研究で日本に来ているオックスフォード大の中国人の女の子と知り合いました。彼女は日本企業はおかしい、と言う。残業が非常に多い。普通は契約書に九時から一七時とあったら、それしか働かない。なのに、デフォルトで二一時まで残れとか、平気で命令される。たとえば一流大学の女性が世界中から二〇人くらい集まるとしますね。将来について話し合うと、どこの企業に入りたい、国連で働きたい、ってみんな言うのに、日本の女の子だけ、三年くらいで自分は家庭に入りたい、って言う。みんなドン引き（笑）。オックスフォードまで入って、それだからね。でもその日本人の女の子からすれば、日本の企業がどこも男尊女卑だって知っている。現実的なんです。だから、女性の生き方の幅も狭めているわけですよ。

男性も同じで、男は仕事、と生き方を固定されている。滅私奉公して働くなら生活は保障してやると。そのバーターとして、あれだけの過酷な労働条件を甘受している。だから男性サラリーマンは、会社の外での人間関係がすごく希薄だしね。四〇過ぎると、もう他の生き方はできません。そうなってから会社に存在を否定されると、そりゃあ壊れちゃいますよ。他の選択肢やロールモデルが全然ないんだから。

人は既得権を自ら破壊できるのか？

杉田　正社員もフリーターも女性もふくめて誰もがそこそこ生きられるには、どこかで、自分の既得権を他人に譲渡する、という部分が入ってくると思うんです。たとえば四〇代で、会社人間であることに自分のアイデンティティの根拠がある人が、自分の既得権の一部分を放棄してでも派遣やアルバイトの人たちと一緒にやっていく、というのは、どこまで実行可能性があるのか。

城　それは無理だと思いますね。

一同　（笑）

雨宮　持っている人は絶対手放さないですからねぇ。

杉田　フリーター全般労組の組合員は、実は過半数以上が正規雇用者なんだそうですね。どういう動機で加入するんでしょう。

雨宮　私にもよくわからないんですが、杉田さんみたいな「なんちゃって」正職員じゃないですか（笑）。実際NPO職員も多いみたいですね。正職員でもフリーター以下の生活の人もいるようですから。もともとそういう生き方を選んだ人たち、そういう関心があった人たちなんでしょうね。新卒で企業に入社して普通のレールで働いてきた人の場合、フリーター労組に入るという思考回路にはなりませんよ。ただ何かトラブルに巻き込まれて来るケースはあるでしょう。

大澤　この問題はとても人事だと思うんです。最近は、雨宮さんの活動の影響もあるのでしょうが、フリーターの現実が社会に認知されてきている。ただし、これが次の局面に行けるかは、若い正職員とフリーターが繋がれるかどうかにかかってくると思う。正直ぼくは、城さんの考え方は、能力があることを前提にしている気がする。これに対して、雨宮さんの考え方はそれと違う。たとえば雨宮さんや杉田さんとネットラジオで共演した赤木智弘さんは、年収三〇〇万円あれば、自分は今のコンビニの仕事を今後ずっと続けても構わない、と言う。自分は大企業への就職は望んでいないが、ただ、普通に働いている人が普通に生存できる社会を保障してほしい、と。そこは価値観が対立するのか繋がれるのか。もし価値観がぶつかって、互いに受け入れられない部分が出てくるのなら、それはそれでいいと思うんですよ。中途半端に、たとえばネットで「働いたら負けだ」とかどうとか、そういうレベルで不毛にもめるよりは、少なくとも正社員はこういう価値観で生きているんだとはっきり価値観を打ち出したほうがいい。城さんのことも、本当は「正規雇用者」ではくくれないかもしれない。普通の正社員の枠組みを破壊するような形で、能力主義・成果主義を実行レベルで徹底しようとしてきたわけですから。それらの価値を追求すれば、本当は城さんのような生き方にならざるを得ないはずなんです。しかし今の会社はそうなっていない。その辺はどうですか。たとえば赤木さんの言っていることについては。

城　一つの平成的な価値観だと思います。男は仕事、っていう価値観からの解放ですよね。それはあっていいと思う。最近はスローワークとかワーク・ライフ・バランスとか言われるでしょう。成長を求めるだけではもう充足感が得られない。フリーターズフリーの試みでぼくが新しいと感じたのは、フリーターの存在を全否定はしていないんですよね。フリーターの生き方を肯定しようとする向きがちゃんとある。それは一つの新しい価値観だと思う。

杉田　雨宮さんやぼくの周辺の人が言っているのは、自分には「能力」なんてもうないんだと。能力開発しようにも、自分の中にはどうも、もうポテンシャルなんてないし…。でも、なんとか生きていきたいので、どうすればいいのか、と。

雨宮　まずは生存が優先ですよね。能力開発しないと生存を許されない、という雰囲気への異議申し立ての意味もあるんですよね。フリーター問題を訴えていると、「じゃあ、あなたたちは昔の世の中のほうがいいの？　安定した企業に勤めて奥さんがいて子供がいて、そういう働き方を望んでいるの？」と言われる。でもそれは全然違うんです。私がフリーターになった頃、鶴見済の『完全自殺マニュアル』を読みました。何歳で学校を出て何歳で就職して、そのあとずっと働いて何歳で定年で、何歳でガンで死んで…今はこういうレールに乗った生き方が理想とされているけれども、それは何て絶望的なことだろう、と鶴見さんは書いていたんですね。すごく共感しました。その頃はまだフリーターの置かれた状況も今ほど悲惨じゃなかったし、鶴見さんの本を読んで、自分からフリーターになった、という面も私にはありましたね。

杉田　最近の社会運動系の議論では、労働の価値と生存の価値を切り離します。生存を無条件に擁護する立場から、能力があって努力して働かなきゃ生きることを許されないのか、と主張するわけです。自分も障害者福祉の仕事をしている関係もあり、能力とか労働とは無関係に、とにかく生きているだけでいいじゃん、それを無条件に保障しようよ、という感覚は確かにあります。しかしそれは、日々汗水たらして働いている人からみると、どうも働かないで金だけくれと要求しているずうずうしい奴らがいる、ふざけるな、と見えてしまう。生存権はもちろん大事なんだけど、ただ、それだけ主張するとマジョリティ側の反感をもろに食らう。本当はその辺りの矛盾をもう少していねいに考えることで、本当の多様な生き方、多様な働き方について考えていけると思うんです。

雨宮　生きさせろという話は、今の滅茶苦茶な能力信仰、成果信仰に水を差しているんですよね。ただ、それはなかなかマジョリティまでは伝わりませんけれど。

杉田　城さんのような、能力や成果が十分に認められる社会を求めて、年功序列型の既得権と戦っている人からすれば、「生きさせろ！」的なムーブメントについてはどうですか。

城　その辺は、ちょっとクローズアップしすぎている気がするんですよね。実際、働かない人をなんで食わせなきゃいけないんだ、というのはビスマルクの時代からあった話で。ぼくはそこをクローズアップする気はありません。たんに、労働者が本人の働きに応じて報酬を受け取るべきだろう。それがぼくの一貫した意見です。極めてマルクス的で（笑）、また極めて資本主義的なことです。なんらおかしいことではない。そもそもぼくのような考え方は、企業の中では多数派のはずなんですよ。自分はもっと上を狙えるはずだと。そこをうまくアピールできれば、若者はこれから一大勢力になる。

雨宮　正規雇用の人とフリーターの連帯は実際難しいですよね。既得権の破壊と中高年をひきずりおろす、という点では連帯できるかもしれませんけど。

大澤　ただ、城さんは、そこまで自分の能力に自信をもって生きられるのは全社員の一割程度で、大部分は年功序列に乗っかって生きのびていこうとするだろう、とも言っていますよね。

城　まあ、そこは変わっていくと思いますよ。

杉田　城さんがおっしゃっていたのは、能力と成果が純粋に評価される社会になれば、一部の既得権層は現状からひきずりおろされるけれど、派遣社員やフリーターは逆に押し上げられるから、そこでは市場原理の自動調整が働いて、全体にとってはメリットになる。そういう状況が来るんじゃないかということですか。

城　結局いま、正社員と非正規って扱いがダブルスタンダードなんですよね。非正規は職務給じゃないですか。時給制です。いくら頑張っても給料は上がらない。他方で年功序列の上にいる人は、勤続年数で自動的に賃金が上がっていく。解雇もない。降格もない。その人たちのために、下にいくはずの分け前が、不当に低くなっているわけですよ。その不均衡を取っ払えば、両者の間に、仕事の適正な値段ができるわけです。

杉田　ある種の下克上の実現ですよね。上にいる人は下がるし、下にいる人はあがる。能力に応じて。

女性の身体のリアリティ、燃え尽きていくことのリアリティ

大澤　海外だと職務給だから、フリーターであっても相応に働けば当たり前に暮らしていける、というのが前提ですよね。

城　ヨーロッパでは八〇年代から同一労働同一賃金が進められてきたから、正規と非正規の格差はあまりない。ワークシェアで有名なオランダの場合はまったく差がない。だから非正規で働くほうがいい、という人も結構います。日本の場合、天下り先の公益法人などでは、よくおっちゃんが何もせずにぼーっとしていて、でも年収一二〇〇万くらい貰っている。実際のルーチンワークは派遣がやっているのに、時給は一二〇〇円とかですよ。同一労働同一賃金なら、天下りも派遣も同じ給料になるわけです。

栗田　私の場合は女性の労働にこだわっているんですが、企業の原理としては、女性は職務給の方が雇いやすい。それは分かるんです。ただ、女性としては、働きながら子供を生み育てることの意味を、社

会にどう認知させるか。産んだり育てたり、病んだりするという原理は、労働の原理とは別の形で作られるものですよね。それは城さんがおっしゃることと相反することではなくて。お金にはならないけど大事なことを、社会に認知させていく。両面が多分必要で。

城　企業では労働基準法で定められた保障がありますよ。病気休職、産前産後休暇、育児休暇なんかですね。中小企業にももちろんあります。問題は、実際はそれらの保障をなかなか使えないことです。女性の雇用もそうですよね。八九年に男女雇用機会均等法ができたけど、実際は総合職と一般職が分けられて、女性は一般職に振り分けられた。一般職だと職務給的で、ある程度までは出世できるけど、ある程度以上は上がれなくなっている。それでも人件費が足りなくなってきたから、今度は派遣法を改正して、一般職ですらなく、女性は派遣社員として採用するようになった。特に九〇年代からですね。

雨宮　派遣だと子供は産めないですよねえ。妊娠したらじゃあ辞めて下さいと言われる。あるいは堕ろすか。

栗田　知り合いが妊娠したことを黙って派遣で働いていたんですが、お腹が大きくなってきて、まわりにそのことを知られてしまったんです。なんで黙ってたの、って私が聞いたら、前の職場では妊娠したと告げたら、その場で辞めてくれと言われたから、黙っているしかなかった。実際はそんなに重労働でもないんですよ、仕事の内容は。さっき「今後の賃金制度における基本的な考え方」で私が躓いたのは、女性の雇用を増やすと言いつつ、経団連がいう「女性」って「産まない女性」に限られるんじゃないかと思って。女性のそういう身体レベルの事情を、有名無実の法律にどう反映させていくかということですよね。

杉田　先日あるイベントで、ある鬱病の女性が、フリーター労組の人に会場からこういう質問をしていました。自分はこういう事情で今の職場を退職させられたけど、不当解雇じゃないですかって。その時会場は、それはもちろん不当解雇だから色々要求できます、という雰囲気で一体化していった。でも、そこでは大事な問題がスキップされている気もした。ぼくの職場の実経験から言うと、ある種の鬱病の人と一緒に働いていたんですが、とてもヘヴィだったんですよ。鬱については一般論ではもちろん語れません。でも、そういう現実が他方にあることを忘れると、まずい。特に零細で人員も寡少な職場だと、その人に常に気を使いながら、しかもその人の給与も確保しながら、全部やらざるをえない。残業何十時間追加とか、自分たちの身を削って、なおその人の分を補っていくわけです。だからその人を不当解雇していい、という意味ではまったくありません。でも、過剰な労働で燃え尽きていく人のリアリティと、生きづらくて働くのも難しい人のリアリティが、すり合わせられない限りは、難しい感じがしますね。マジョリティの人が自分たちの感覚の延長上でフリーターの問題を考えられる回路がない限りは、内側から色々と解体していけない。そうしないと、逆に鬱の人や女性の声も十分に響かない気はするんです。

雨宮　それ、すごいわかります。メンヘル系で言えば、働き始めてからなっちゃった方がラッキーという面はありますよ。私に来る相談メールはみんなメンヘル系なんですが、就職がしたいと。でも就職時の性格試験っていうんですか、あれは鬱病とか病気の人をチェックするためにある、メンヘラーは最初から排除されているって言うんですね。

城　採用コンサルタントも、九〇年代まではいかに優秀な人材を見抜くかでやっていたんですが、最近は、どういう人が鬱病になるかを事前に見抜く芸を売りにする会社もありますね。

雨宮　えーっ。

栗田　やな感じ！

杉田　いや、これはマジにリアルな問題ですよ。ぼくの今の職場みたいな、協働重視のＮＰＯ法人だと、法定雇用率が適用されるわけではないんですが、自然に、身体や精神に障害がある人が仕事を求めて来るんですね。ある程度採用するわけですが、受け入れていくと、だんだん内部がもたなくなってくる。そうすると本来はガンガン働ける人間も燃え尽きていく。そういう悪循環はありますから。ぼくには単純には言えないところがあります。

雨宮　それは経験的に分かります。私の周りにはそういう人が多いので。限界がありますからね。

小泉内閣は戦後最高の内閣だと思っています

杉田　少し前に刊行された福島みずほさんとの対談『ワーキングプアの反撃』を今回は読んでこれなかったんですが、雨宮さん、たぶん周りから「政治家に立候補したら？」と誘われていると思うんですが……。

雨宮　いやいやいや。

杉田　米騒動や自由民権運動じゃないけど、明らかに、いま若者の社会運動が政治的レベルに入ってきましたよね。

雨宮　わたしは絶対政治家はいやなんですね。もちろん、政治にどんどん口を出していく、政治家の皆さんにも現状を伝えていくのは、有効だと思いますけどね。この間、小熊英二さんに「全部のフリーターに年収三〇〇万円を保障するって、本当にできないんでしょうか」と聞いたら、それは物凄く難しいことだ、と言っていました。若者の低所得は日本だけじゃなくて、国際的な、地球レベルの問題になっているからですね。中小企業なんかだと、最低賃金を千円にするのも難しいでしょう。でも、逆にいえば、地球レベルの壮大な戦いになっているわけですね。

大澤　こないだ共産党の幹部候補に会ったら、「最低賃金千円くらいならいけるんだ」と豪語していましたけどね（笑）。

雨宮　ただ、どうやったらそれが実現できるか、というヴィジョンを政治家の人たちには見せてほしいですよね。

杉田　ほんの二年くらいまではほとんど見向きもされていなかったけど、最近は若者の貧困や格差のことが連日メディアでも取り上げられるようになったじゃないですか。ただ、それがどちらに転ぶかは、まだ分からない。

雨宮　政治に関わると、結局「昭和的価値観に戻せ」という方向になっちゃう気がするんですよ。あんまりそういう考え方には行きたくない。

大澤　城さんの考え方を外枠だけ見ていると、小泉純一郎の構造改革と近いものを感じてしまうんですけれども…。

城　いや、ぼくは小泉内閣は、戦後最高の内閣だと思っています。

一同　（笑）

雨宮　どういうことですか？

城　結局、構造改革に手をつけたのは、彼一人なんです。戦後の日本は、税金を中央に一極集中させて、土建屋を通じてばらまいて地方に還元する、というシステムでずっとやってきた。でもその限界は誰の目にも明らかです。そこにメスを入れて本格的に壊したのが、小泉内閣でした。実際、公共事業のお金って四割くらい減ったでしょう。国債も減らして税金と支出のバランスを取らないと国がもうもちませんよ、と彼ははっきり宣言した。公務員改革も同じでしょ。初めての未来志向ですよね。国民新党なんて、いまだに国債を刷っていいんだ、と言ってますから。さすが党首が七五歳（笑）。民主も改革と言う意味では小泉自民と根っこは同じ。なぜあの二つの党が分かれているのか、まったく理解できない。

ただ、唯一小泉政権に不満があるとすれば、経団連側の要求を受け入れて、派遣法改正などに手をつけてしまったことですね。これはまずかった。ただ、民主党や共産党が政権を取ってても、結局は同じ道を辿ったでしょう。正社員のパイを減らすなんて発想は彼らにはないから。そういう意味では、不良債権を処理し、構造改革への道筋をつけただけでも、われわれ若年層からすれば、自民党の方がはるかにマシでした。だから都市部の無党派層がなだれうって小泉に流れたわけで。

大澤　ただ、小泉・竹中はアメリカの意志に追従する形で構造改革を進めている、という外圧もあるでしょう。

城　その辺は国民の側にも原因があると思う。ぼくは政治にも結構力を入れています。たとえば今年の二月、参議院の「雇用に関する調査委員会」に証人として呼んでもらいました。テーマは正規雇用と非正規雇用の格差問題。その席でも、要するに原因はダブルスタンダードにあるんだから、正社員の賃金を下げないと絶対に格差はなくなりませんよ、と言ったんです。終ったあとに、社民党と民主党の議員が来て、「言っていることは城さんの言う通りです。でも、それを言ったら選挙に勝てないんですよ」と。

大澤　それはひどい（笑）。そういうことをやれる政党ってないんでしょうか。

城　ないでしょうね（笑）。

大澤　あとはファシスト党しかない（笑）。

城　国債と地方債併せて、借金が一兆二千億円くらいです。若年層から言えば、増税を今すぐやってくれ、っていう話でしょう。借金を後続世代に押し付けるな、上の年代を勝ち逃げさせるな、っていうね。それをなぜ政治家たちが言わないか。言えば選挙で負けるからです。逆にいえば、若年層を組織して、そういうことを言わないと選挙に勝てない、という状況をつくらないといけない。そう思ってぼくは、先週の土曜、「モノ言う若者の会フォーラム――今こそ考えよう！　20代・30代の働きかたの問題」というのを立ち上げたんですよ。当日は台風が来ていたけど、会場には一〇〇名の人が来ましたね。盛況でした。立場もさまざまで、グッドウィルユニオンの人もいれば、若手のシンクタンクのエリートも参加していた。そういう人々が連帯できればいいと思う。労働問題をプラスした小泉路線という感じが理想だとぼくは思いますけれどもね。

大澤　城さんは自分がかつて所属していた人事部に対してすごく怒っているんだけど、人事部のやっていることは、自分たちの既得権や年功序列を絶対に手放さない形で、成果主義や能力主義を他人に課そうとする。でも、城さんは、そこを辞めて一人でいく、という道を選んだわけじゃないですか。そこまでやれれば、それは「ネオリベ」というくくりとはまた違うものでしょう。

城　『内側からみた富士通』を書いた時は、まだ若かったっていうのもあります。ああ、やっちゃったっていうか（笑）。

大澤　こんな内部告発的な本を書いて大丈夫だったんですか。

城　大丈夫でしたよ。むしろ富士通の社員から激励がいっぱい来た。よくやってくれた、みたいな。

杉田　今は少し状況が変って、企業を名指しで批判すると、個人をターゲットに直接訴訟を起こされたりするじゃないですか。数千万円とか。

城　東洋経済新報社記者の風間直樹さんはクリスタルから一〇億円の名誉毀損訴訟を起こされていましたからね。

大澤　個人にそういう危険が及ぶとなると、ライターが自由に書けなくなっていく。雨宮さんの『生きさせろ！』もずいぶん名指しで…。

雨宮　いえ、全然大丈夫ですよ。私の場合、左翼だけじゃなくて右翼とも繋がっているように見られるから（笑）。あんな奴を相手にしたらめんどくさいって思われているんじゃないですか。

フリーターにとっては一〇〇年に一度のチャンスかもしれない

城　ぼくは楽観はしないけれども、可能性は出てきていると思っていて。少子化が始まっている。ぼくらの世代は団塊ジュニアで、一学年大卒だけで一〇〇万人くらいいたんだけど、今はもう一学年九〇万人を割っていますからね。景気もいいから新卒求人倍率も二・一四倍でしょう。これは当分続きますよ。今は若い労働力の奪い合いが起きている。たとえばぼくの住んでいる中央区の勝鬨《かちどき》の方では、コンビニの店員はほぼ全員中国人です。もう日本人のフリーターは来ないんですね。

大澤　職場の近くの西新宿でも、確かにそういう感じです。

城　正社員も同じです。今までの昭和的モデル、つまり若い新卒男性ばかりねらっては、企業の需要が賄えない。三菱東京ＵＦＪみたいなコテコテの昭和的銀行ですら、女性の総合職を二五％に引き上げると去年発表している。他行もこれに追随しました。銀行でさえそうですから。昭和的価値観の人たちも、自分たちを変えざるをえなくなっているわけですよ。カウンタープランとして外国人労働者を入れろ、という話が出て来ているんだけど、それさえうまく潰せれば、状況が変わる余地がある。たぶんまずは女性の雇用で、今後五年くらいで大きく変わるでしょう。その次に来るのが、フリーター。

雨宮　今すぐにでもそうなってほしい（笑）。

栗田　一昔前は、三〇代女性はみんな結婚して子供がいた。今は状況が変わって、三〇代独身でもそれほど肩身の狭い思いはしないんだけど、少子化で困ったと聞くと、ああ自分のことを言われているんだなって痛感します。周りの同年代の女性も、私と同じような人が多いんですよね。ただ、ある意味で、少子化は私たちの切り札なのかもしれない。私たち女性の、無言のストライキのような。こんな社会じゃ産めないよ、という反抗ですね。

杉田　城さんは、既得権層を動かすには、外圧しかない、と書いている。具体的には今の労働力不足の話です。城さんはそれを一〇〇年の中に数年しかないチャンスだ、とも言っている。今はちょうど、外国人労働力をどんどん入れていく方向へシフトするか、国内の女性やフリーターの雇用を作っていくか、そういう分岐点の時期なのでしょうか。そのためには、労働力不足や出産ボイコットをふくめて、どうやって外圧を効率的に高めていくかが、重要な気がしますね。

大澤　その時は、価値のある形で今あるものを壊したいよね。結局、うまく正社員になれた女性やフリーターが、また同じ年功序列的な価値観を生み出すのなら、意味がない。それくらいなら、もっと外国人労働者がたくさん入ってきて、既成の価値観が破壊されて、それがフリーターにもおよぶ、という方がマシかもしれない。

雨宮　外国人にいっぱい入ってきてもらって、暴動を起こしてもらえばいいじゃないですか。

杉田　ただ、そのとき国家や企業に対する暴動が起こるか、外国人排斥運動が起こるかは微妙ですよね。さらにそこでも同じことが繰り返されるかもしれない。高齢者や障害者の福祉を訴えている人間が、外国人を叩くという構造は普通にありますから。『カムイ伝』じゃないけど。根深いですからね。それにもともと、一概にそれが悪いとも言えない。わが身を守ろうとする自己保存の欲求は、自然なものだから。変えていくにしても、その自然な感覚の部分に根付いたものでないと。抽象的な正義とか平等を言うだけだと、きついかもしれない。だから、外圧とともに、自力で内圧をどう高めるかが大切だと思うんです。内圧を高めることで初めて外圧をチャンスに変えられる。城さんの実践はすでにそういうものかもしれませんが。

雨宮　ただ、何かをすでに持っている人たちは、あまりにも無関心ですよね。自分の加害性、何かを犠牲にしているという自覚が、本当にナチュラルにない。ナチュラルにフリーターをバッシングする。それはちょっと理解できないな。

杉田　ぼくは、城さんの言う「主体性のなさ」は、年功序列的システムの中にいる人たちだけじゃなくて、フリーター的な人々の中にもかなり転移していると思う。

意欲の貧困とキャリアデザイン

城　ニート支援のＮＰＯの人ともかなりお付き合いがあるんですが、支援者の人は、ニートやフリーターの人は労働意欲や生きる意欲が決定的に低い場合が多い、って言うんですね。本当にそうなんでしょうか？

雨宮　私はあんまりそうは思わないですね。逆に、パワーがありすぎる人が多い。

城　支援者の人たちは、「城さんが知っているニートは、ライトなニートですよ」って言う。たとえばシンポジウムとかに出て来られるニートとか。でも本当のニートは引きこもりで、そういう場所には決して出てこない。支援者の人は、問題はもう格差とかじゃなくて、もっと決定的に深いところにあるんだ、と言うんですね。

雨宮　いじめが原因のひきこもりやニートの人って多いです。湯浅誠さんに聞くと、いじめられた経験があって、自分に自信がなくなって、地方を転々として、それでネットカフェ難民やホームレスになる若い人が結構いる。ひきこもれているうちはいいけど、それもできなくなった時にホームレスになっちゃう。学校でもいじめられて、会社に入ってもいじめられるなら、結局同じでしょう。受け皿がないから、復帰しようがない。そこが問題だと思いますね。

杉田　意欲の大事さと同時に、意欲という言葉にすくいきれない人のことがどうしても気になりますね。状況や環境のせいでうまく意欲を発揮できない人は引き出すための制度や環境があればいいけど、意欲が「ない」人がいるなら、それはそれで構わないだろう、と。両面性ですよね。

栗田　先日、隅田川の路上イベントがありまして。隅田川に住む野宿者や支援者と、各地のフリーターや学生さんが混ざり合って一緒にカレーを食べたりしました（次章参照）。その時、支援者である「ちろる」さんとは携帯電話がなかなか繋がらなかったんだけど、彼女をフォローしているのが、かつて路上で生活していた方で、ネットカフェ難民の最初期の人で、色々あって隅田川に来た方です。親切で優しくて、気を配ってくれて、その人なしには浅草のイベントは成功しませんでした。そういう人を認められない世の中って、なんかすごく「もったいない」って感じます。

雨宮　意欲のある即戦力しか企業には入れませんからね。本田由紀さんが監修した『若者の貧困と生活世界』という本で、湯浅さんたちが「意欲の貧困」ということを言っています。子供の頃から成功経験がなくて、学校でいじめられたり、バイトでもすぐクビになったりを繰り返していると、最低限の自信や意欲すら持てなくなるんですよね。

大澤　残酷な事実だけど、高校まででドロップアウトした奴は一生ドロップアウトしたまま、という現実は確かにあるでしょう。

杉田　逆に言うと、城さんをふくめて、企業でもフリーでもやっていける人が、一番失いたくないものって何ですか。

城　もちろん一概には言えないけど、ぼくの周りで正社員で働いている人の場合は、自分の人生のレールが途中で切れているんじゃないかという恐れですかね。そうじゃなくて、最初から年功序列の外にいて、早くから自分でキャリアデザインしている人は、そういう怖さはあまりないですよね。連帯とか、そういう意識も極めて薄いです。

雨宮・栗田　キャリアデザイン！

杉田　デザインしようにもキャリアがないよね（笑）。

栗田　キャリアデザインって言葉がもうしっくりこないんですよね、私たちの場合。自分の人生で使ったことが一度もない。

雨宮　親にお金があるから、いい学校にも行って早くからキャリアデザインができる、ということもありますか？

城　そういう人が多いのは事実ですね。それなりの大学も出ている。

栗田　既得権という場合、親は大きいですよね。

杉田　親の資産相続によってフリーターも今後二極化していくだろう、という議論はフリーターにとってもリアルですよね。

雨宮　キャリアデザイン…。使ってみたい言葉ですよね（笑）。キャリアデザインしたい人はすればいいし、それができない人も生きられる世の中っていうのがいいですね。

杉田　雨宮さんの履歴書、見てみたいですね（笑）。

再び既得権の破壊と、多様な働き方へ向けて

大澤　いずれにせよ、マジョリティのぎりぎり感を見ながらやっていかないとダメでしょう。さっき雨宮さんが言ってましたが、フリーター問題に関わる人間は正社員になったことのない人が多いから、正社員はなんかいい目にあっているはずだという幻想にとらわれてしまう。そこに足をすくわれると、本当の社会運動には繋がっていかない。

杉田　城さんや雨宮さんのような人が、正職員あるいはフリーランスで自立している立場から、しかしフリーターの問題を考えている限りは、やっぱりフリーター側からも真剣に考えないといけない。フリーターズフリーの起点にはそれがあって、でもまだ十分にやりきれていないと思う。雨宮さんが今後もプレカリアート系の社会運動を促進していくとき、その辺りが次のステージへ進めるかのポイントになるかもしれませんね。

雨宮　城さんはこの本（『若者はなぜ3年で辞めるのか？』）で怒ってくれているじゃないですか（笑）。フリーターの人たちも嬉しいと言うか、こういうふうに考えてくれている人は正社員の側にもいるんだ、と勇気づけられますよね。

大澤　城さんの本を読むと正社員の人々が置かれた殺伐とした状況がよくわかる。そういう現実に「われわれ氷河期世代は虐げられている」という感覚で繋がろうとするのは、弱い気がします。むしろ、年功序列という制度を両者が協力すれば破壊できるかもしれない、という具体的な課題が見えてくれば、もう少し繋がることができるかもしれない。

杉田　フリーターと正職員がつながると言っても、正職員の側に繋がるメリットがあるかどうかわからないものね。

雨宮　飲み会の負担は増えますよね（笑）。

栗田　セーフティネットの部分では、正社員にもメリットはあるでしょう。自分も病気や鬱になったりしますから。そういう福祉的な部分は共闘のポイントになると思うんですよ。ただ、利益とかそちらの話になると、具体的に得することはないかもしれません。

杉田　城さんの本を読むと、年功序列は普遍的な制度で、会社員や公務員ばかりか労働組合に至るまで、あらゆるところに染み込んでいる。自分が一定の既得権に守られているんだけど、それが既得権だという自覚はなく、普段はとても温厚だし優しいんだけど、誰かがそれを奪おうとすると、徹底的に抵抗し、叩く。そういう精神性がある。丸山眞男の言う「無責任の体系」とか「抑圧委譲」みたいな構造。城さんはそれを「社会総無責任体制」と言っています。たとえば重役が「社員は家族です」と言った時、派遣や日雇いの人々はその「家族」に含まれない。しかも、ぼくらみたいな不安定な人間ほど、プチ既得権にしがみつきやすい。自分の身として考えると、ここを崩して、自分たちより更に弱い立場の人と一緒に何かをやっていくことの難しさが、実感としてわかる。

大澤 日本の社会に物凄く根深くそういうものが埋め込まれているなら、せめて認識レベルでは、フリーターの人々がそこに到達するものを提示できない限り、きっと正社員の人々の心を動かせない。雨宮さんのいいところは、正社員の人も常に敵にはしないじゃないですか。

雨宮 実際、みなさん大変ですもの。末端の正社員ほど、フリーターバッシングしますからね。

杉田 金持ち喧嘩せずみたいな（笑）。

雨宮 年功序列的なものが制度として浸透しているということで、典型的なのは、正規社員しか住宅ローンが組めないんですよね。

城 外資系だと正社員でもローンを組めないことが多いですよ。たとえば年収二〇〇〇万円のＩＴ系の人でも、断られる。なぜか信用がないんですよ。年功序列という形に、社会的な信用がくっついてくるんですね。

雨宮 まあ、二〇〇〇万も年収があったら、ローンいらないでしょう（笑）。

栗田 信用という概念をどうやったら変えられるか、ずうっと考えていて。女性が独り者で生きていく時に、誰も信用して自分にお金を貸してくれる状況にないというのが、なんか身にしみてわかって。

杉田 富士通の内側で残酷で殺伐とした経験をくぐってきたからこそ、城さんもそれらとは違う多様な働き方、多様な生き方を模索しているのではないでしょうか。ただ、それが輸入された成果主義じゃなくて、本物の成果主義ならうまくいくのかどうかは、ぼくにはわかりませんけど。

城 あれは極端なケースに見えるかもしれないけど、ほとんどの日本企業は同じ体質ですよ。業績がいいと目立たなくなるだけでね。

栗田　そうすると絶望的だなあ。そのあと富士通ってどうなっているんですか？

城　よくなりましたよ。今年の前期で一番業績がいいんじゃないかなあ。

一同　（笑）

大澤　城さんの本のお陰で（笑）。膿を出し切ったのかな。それは日本型の成果主義じゃなくって、本当の成果主義が導入されたということですか？

城　まだそこまでは行かないんじゃないかな。既得権を投げ出すことはできませんからね。ただ、人事部の人間はすごく怒っていて。天下りポストは減るわ、成績査定も厳しくなるわでしたから。この本を出したあと、人事の人間の退職が相次いだんですね。利権がなくなったからでしょう。

杉田　倫理的に辞めたんじゃないんですね（笑）。城さんの同僚で、人事部に配属された時、自分は詐欺行為には加担できない、と言って辞めていった人がいた、その人はその時ようやく「空っぽ」だった自分を抜け出したのかもしれない、というようなことを書かれていたじゃないですか。

城　辞めていった人事部の人たちは、ベンチャーや外資系コンサルティングに行きましたね。

栗田　ローソンとかに行くわけじゃないんですね（笑）。やっぱり転職後にも階級があるのか。

大澤　既得権を放棄せよ、というのをどう言えばいいのか。主張を自分自身に適用する、というのがぼくが原則としてやりたいことだから。城さんの生き方がいいと思うのは、自分の身を切る形でそれを言っていく。だから説得力がある。前のトークセッションでも言いましたが、フリーターたちの「生きさせろ」の中にもその「主張を自分自身に適用する」という原則が入ると、物凄く強くなると思う。逆にそれがないと、お前らは自分の権利を主張しているだけだろう、とスルーされてしまう。

杉田　ぼくたちのようなある程度恵まれた人間はともかく、放棄しようにも放棄するものがない人もいるよね。その辺はどうなのかな。

大澤　完全に何かを手放せという話でもない。たとえばフリーターが正社員を単純に叩くんじゃなくて、お互いに繋がれる問題を自分たちの側から見つけ出していく。認識をシェアしていく。そういうことも含まれると思う。

杉田　正直、過剰な被害者意識はあるよ。貧困業界でも福祉業界でも。ただ、過剰な被害者意識それ自体を放棄して、親の遺産とかさ、自分の中にも実は既得権があるんじゃないかと考えて、そこから訴えるべきことを訴えるというスタンスでいけるなら、何かをシェアしていけるかもしれないね。

大澤　その時ポイントになるのは、意識的に反省するだけじゃなくて、具体的に、自分とまったく違う生き方をしてきた人たちと話していく中で、共闘できる部分を探していくことでしょう。

4

支援とは何か？

——野宿者支援のグラデーション

武田愛子×そら豆×ちろる×
生田武志×栗田隆子×大澤信亮

2007年８月24日　喫茶室ルノアール マイ・スペース 西日暮里第１店

大澤　フリーターズフリーをやっていくなかで、ずっと、「誰かを支援する」とはどういうことなのか考えていました。というのは、僕はいわゆる支援活動をロクにやったことがなくて、つき合いのなかで夜回りとか炊き出しに参加したり、山谷《さんや》のお祭りに遊びに行ったりするだけなんです。それで「楽しいな」と思って帰ってくる。言ってしまえばきわめて中途半端な関わり方なわけです。そういう僕の対極にいるのが生田さんですね。生田さんは日本の野宿者問題の歴史と現在を描いた『ルポ最底辺　不安定就労と野宿』で、学生時代に日雇労働支援をしていたときの自分を振り返りつつ、「親の金で生活しているような学生が、苦労を重ねた労働者に感謝される立場であるわけがない。こうして、釜ヶ崎に関わる自分のことがとんでもなく嘘くさく見えてきた」と書いています。そこから生田さんは自分自身が日雇い労働をやりながら支援活動をやる道を選ぶ。だけど、さらに言えば、後述する隅田川のイベントにも協力してくれた大阪「長居公園仲間の会」の中桐康介さんのように、自分自身も野宿をしつつ支援活動に関わる人もいますよね。でも生田さんは「自分は野宿をするつもりはない」と言っていました。当事者と支援者という関係性のなかで、そういう距離感の違いって何なのかなと。

今日参加していただいた、野宿者支援活動をしている「ちろる」さんはご自分のアパートがあるとは言え、小屋も持っているという意味では中桐さんに近いのかな？　その意味ではちろるさんの方が、生田さんより野宿者に近いところにいるのかもしれない。他方、武田さんは鳥取大学の学生でありながら、隅田川イベントや山谷のお祭りなど、野宿者問題に深く関わりつつありますよね。もちろんこのまま支援者になる道もあると思う。ただ、僕は武田さんのいまの立場は大切だと思うんです。つまり、支援者になるのではなく、もう少し一般的なかたちで社会に参入しつつ野宿者支援を行う方向を考えるときに、武田さんのグレーな状態にむしろ考えるべき何かがあるんじゃないか。だから、武田さんに率直な意見を言ってもらうことが、この座談会の一つのポイントになると思います。それと「そら豆」さん……。

栗田　そら豆さんは私から紹介させて頂きます。そら豆さんには私とちろるさんが企画したフリーターズフリーの隅田川イベントで大変お世話になりました。ちろるさんや山谷労働福祉会館の人たちに連絡を取り次いでもらったり、アイデアを出してもらったり、車を使って荷物を運んでもらったりといろんな作業をやってもらって本当に感謝しています。そら豆さんはかつては野宿していて、いまはアパートで生活されながら活動に関わっていらっしゃるのですが、あの働きぶりと野宿経験者というギャップに戸惑ってしまいました。

大澤　ところで、栗田さんもかつて、横浜の寿町で野宿者支援活動をしていましたよね。いまは距離を取っているとのことですが。

栗田　そうですね。個人的に連絡してる人はいるけど。

大澤　どうしてそういうことになっているのかも後ほどお聞きできればと思います。いま紹介したように、この座談会では、それぞれの野宿者問題への関わり方がちょうどグラデーションのような濃淡を持っている。今日は立場の異なる方々と話すことで、改めて「支援とは何か」を考えてみたい。なお、あらかじめ言っておきますと、野宿者問題についての知識を深めるには、生田さんの『ルポ最底辺』や『〈野宿者襲撃〉論』を読んで頂きたい。それらの本とこの座談会を併せて読んで頂くのが理想です。それともう一つだけ。この座談会は、一般的な書籍の編集基準では「雑談」として切ってしまうところも、あえて残すつもりです。なぜなら、そのような整理の過程で消されてしまう事柄のなかに、じつは野宿者問題を考えるうえでのポイントが含まれていると思うからです。

フリーターは野宿者と出会えるか?

栗田　議論に入る前に隅田川イベントの感想を話してもらってはどうでしょうか?　この本にはもともと隅田川イベントの記録を収録する予定だったわけだし。

大澤　そうですね。じゃあ栗田さん、イベントの概要をお願いします。

栗田　それでは私の方から簡単に報告しますと、『フリーターズフリー』創刊記念イベントの一環として、二〇〇七年六月三〇日に「さあ、浅草で群れよう。——隅田の仲間達&フリーター」というイベントを行いました。広告期間が短かったのと、イベントの性質が普通のシンポジウムとは少し違うので、人が来てくれるか心配でしたが、当日は六〇人を越える参加者という盛況でした。第一部として、台東区民会館で大阪の長居公園での強制排除の映像を見ながら、中桐康介さんに大阪の野宿者問題について解説してもらいました。扇町公園での住民登録を求める裁判を起こしたYさんにもお話いただきました。第二部として、隅田川沿いの小屋をフィールドワークしつつ、桜橋の袂のテラスで、山谷労働福祉会館の方が作ってくださったカレーライスを食べながら歓談するという、非常に和気藹々《あいあい》としたイベントになりました。学生や若い方がわりと参加してくれましたね。高校生がお母さんと来てくれたりとか。武田さんともそこで知り合いになれたんですね。

大澤　ホント楽しかったよね。途中から活字化のこと忘れてたから(笑)。

栗田　ちゃんと公安にもチェックされて（笑）。
ちろる　いたんだ？
栗田　いたよ。橋の上から見てた。二人。
大澤　ただ橋の下でカレー食べてるだけなのにね。
生田　たぶん暇なんですよ（笑）。
大澤　そら豆さんはああいうイベントってどう思います？
そら豆　たとえばね、この前テレビ見てたら、郵政民営化で仕事がクビになって、部屋のローンがあるんだけど日雇いになったって人がいたのね。奥さんとは別れて一人で住んでるんだけど、その人が「ホームレスにはなりたくない」って言うの。日雇いだから働いてもそんなにお金が残らないんだけど、それでも「ホームレスにはなりたくない」って。べつにホームレスになったって支障ないじゃないですか、人間としてちゃんとやってれば。ホームレスになること自体が嫌だって言うのは、それ自体が差別だと思うんです。それにテレビ局っておもしろおかしく報道するでしょう？　みんなが興味を示すようなものばっかり。そういうのを見てると「なんか違うんだよなあ」って思うんだよね。
栗田　その「違うんだよなあ」とは？
そら豆　おれも当事者だったけど、一人だと何も出来ない。誰も話し相手がいないから、炊き出しってのもわからない。だからああいうイベントは楽しいなって思うよ。隅田川に来てみんなと小屋作りをやったんですよ。そのときに顔見知りが増えるじゃないですか。喋ったことないのに、「小屋作れるよ」って手伝ってくれる人がいたりするとね、そういう人がつながると楽しい気分になるんだよね（笑）。それがきっかけですよ。それで隅田川でイベントやるってことになったから、それはちろるさんの文章を読んで見に来てくれるわけだから、テレビみたいな差別のないものにしたいなって。みんな「ホームレスは仕事してない」って言うけど、してるんだよってことを見てもらいたいなって。

栗田　最初にちろるさんと待ち合わせをしてたときに、そら豆さんが現れたんです。そんな風に当たり前のように準備段階から関わってくれたんです。そら豆さんだけではなくて、まったく知らない人がカレーを作る手伝いをしてくれたり。本当にフリーターズフリーは温かく迎えられたなと。ちろるさんは『フリーターズフリー』1号の対談でも「フリーターと野宿者をつなぎたい」という話をされていて、それがささやかながらこういうかたちで実現できて嬉しかったです。

ちろる　いまそら豆さんが言ったみたいに、テレビや雑誌ではワーキングプアとか日雇派遣とかネットカフェ難民とかいっぱい記事が出たり、すごい取り上げられてるけど、そこに毎回のように出てくるのが「ホームレスになったらお終いだ」とか「このままじゃホームレスになってしまう」といった言葉ですよね。野宿になったらすべてが終わるみたいな。それが世間の共通認識になっているのが、私のなかでムズムズしてる。隅田川で暮らしているみんなを見ていると、もちろん無権利状態だったり、差別や襲撃を受けたりといった悲惨な部分もあるだけど、仲間が力を合わせて悪い役人をやっつけたりとか、みんなでアルミ缶を集めたりとか、そういう路上のつながりというか、自分一人が働いてアパートを維持して、ひとりぼっちであくせくするというのとは違う豊かな世界があるのに、どうして誰もそれを見てくれないんだろうなと思う。フリーターの人も、遊びに来てみんなと喋ったら絶対に楽しいから、住みたくなると思うんです（笑）。そういう経験があれば、自分が将来貧乏になるのもちょっとは怖くなくなるかもしれない。

野宿者は既に行動を起こしていますよ。役所が「絶対に新しい小屋は建てさせないぞ」って厳しく規定している場所に、当事者が皆で話しあって敢えてそこに小屋を建てたことがあったんです。それはみんなの中から自然にそういう言葉が出てきたんですね。なんでだと思います？　いま小屋を持ってない野宿者もゴマンといる、今は野宿していなくても貧困の中これから路上に溢れ出る人もゴマンといる。「新しい小屋はダメ」なんて行政の言い分に従っていたら、皆、路上をさまようしかなくなる。そういう仲間のために道を切り開くぞ！って。二年前のことですけど。

生田　いま隅田川には何人くらいの野宿者がいるんですか？

そら豆　前はテントが二〇〇〇軒くらいあったけど…。

吉田　一番最近の行政の調べで七〇〇軒くらいですね。

生田　そんなにいるんだ！

そら豆　隅田川にはいろんなカラフルな人がいるんだよ。

大澤　はじめにちろるさんたちと会ったのは、新宿でやった「自由と生存のメーデー07」のデモの後でしたね。デモが終わった後に集会があったんだけど、それが体育館みたいなところにみんなひしめき合うようにぎっしり座って、中央でイスに座って話しているパネラーの話を黙って聞いてるという――その一人が雨宮さんだから協力してもらっといて悪いんだけど（笑）。そういうのフリーターズフリーのメンバーはみんなダメで、会場の外に出てたら、同じように会場から出てきたちろるさんたちと偶然お会いした（笑）。そこで、「誰かの話を一方的に聞くんじゃなくて、一緒に時間と空間を共有するようなイベントがいいよね」という話になって、そら豆さんが「フリーターも小屋に来ればいいのに」とおっしゃった。ネットカフェに一晩一五〇〇円払うのは高い。お金がなかったら、小屋に泊まるという手段もあることを知って欲しい。逆に、若い人に野宿者問題について理解を深めてもらえば、共闘できる場面があるかもしれない、そのためにフリーターと野宿者の出会いの場を創りたい、と。

栗田　そうそう。そういう主旨で隅田川のイベントは開催されたわけですよね。そのときはフリーターズフリーの三人とちろるさんとそら豆さんと男性がもう一人の六人しかいなかったけど、こういう場をもっと大きな規模で設けたいよねって。ところで、フリーターと野宿者の出会いということでは、中桐さんの報告が印象的でした。大阪での長居公園からの野宿者排除の行政代執行のときに、小屋を壊して撤去していたのが日雇い派遣の若い労働者だったと。もっとも近いところにいる人間同士が最悪の出会い方をしている、それが本当にやりきれなかったと中桐さんは言っていて、そこから彼は派遣の問題を考え始めたそうです。

そら豆　隅田川はそういうのじゃなかったよ。楽しかった（笑）。雰囲気がいいんだよね。

栗田　陰鬱なところからスタートするんじゃない、っていうのが大事なのかなって。もちろん陰鬱なことはあるけれど、それだけでもないと思うんですね。で、このイベントだけで終わるのも何だと思って、八月の山谷のお祭りにもフリーターズフリーとして参加して…。

大澤　あれってフリーターズフリーとしての参加だったの？

栗田　そうだよ！（笑）

大澤　いや全然知らなかった（笑）。

「おっちゃんみたいになったらあかん」

そら豆　こう話してるとやっぱり楽しいからね、本当は大阪の人にも来て欲しいなって。それに大阪にも行ってみたい。でも交通費のことがあるから、それを考えつつ今度、何かやろうかなと思ってるんだけどね。大阪でやる寄せ場交流会とか、山谷のお祭りとか、関東と関西でもっと交流できるようになればいいなって。

ちろる　そら豆さんはいま極秘プロジェクトを考えてるんだよね？

大澤　ここで話していいの？　この本は二〇〇〇部以上は刷ると思うんだけど（笑）。

そら豆　まあ後で切るかもしれないけど（笑）。じつは田舎でね、労働力が欲しいってところがあれば家を用意してもらってそこで働く、ってことを考えてるんだ。田植えとか農業とかね、いま人手が足りないっていうでしょ。そこでそのまま働いてもいいし、活動資金が貯まったら別のことを始めるかもしれないけど、そういうことをね。

大澤　それは極秘にするより、オープンにした方がいいと思うけど（笑）。実際、ある県から「今度、東京在住のフリーターを地方に誘致する、というキャンペーンをやるので協力してください」って連絡があったんです。フリーターズフリーの主旨を理解した上で連絡をくれたというより、使えるものは使うという感じが見え見えだったので丁重にお断りしましたが。

そら豆　でもね、こういうことをたとえば支援団体に言っても、「これが問題だ、あれが問題だ」って言われて…。そういう問題があるじゃないですか。隅田川でも荒川でも、他の公園と距離があって、仲間が作れない。大阪だって、西成と扇町で、それぞれの公園に支援者はいると思うけど、つながるためには支援団体が入らなきゃダメでしょう。

生田　公園どうしっていうのは結構あったんですよね。長居公園のテント村はなくなっちゃったけど、今でも扇町公園と大阪城公園と西成公園とかで交流がありますよ。ただ、大阪市はここ数年、公園事務所に「何がなんでも公園から野宿者とテントを追い出す」という方針の施設管理担当の人間がいて、彼が自分の担当の公園を片っ端に回って、「おまえは不法占拠だから出ていけ」ってテントの野宿者を追い出しまくったんです。追い出された人は、もちろん他に行く場所がないから、ほとんど路上や他の公園に移動するほかなかったんですが。裁判の証言で「私がいる一年半のうちに五〇のテントを撤去しました」とか正々堂々と言ってました。

栗田　自慢にしてるわけ？

生田　自慢かもしれない（笑）。だからもはやテントの張れる公園自体が、四つかそこらくらいなんだよね。

そら豆　もう公園に住んでる人がいない？

生田　ほとんどそう。

そら豆　じゃあ、駅とかに寝てる人と、どこでつながれると思います？

生田　釜ヶ崎の祭りとか越冬とかかなあ。僕らは路上にビラを撒いて「来て下さい」と誘ってます。

そら豆　そうかあ。おれはやっぱりもっと色んな人とつながりたいんですよ。あとはフリーマーケットとか。みんなでフリマをやりながら、バーベキューを食べるとかね。

栗田　そっちは極秘にしなくてもいいんじゃないしょうか（笑）。

大澤　いずれにせよ、かたちになった段階で言ってくれればフリーターズフリーも協力します。それで話を戻すけど、その隅田川イベントに武田さんはお友達と一緒に、鳥取から参加してくれたわけです。それでとてもよいレポートを書いてくれて、八月の山谷のお祭りにも来てくれた。というわけで、武田さんにもイベント参加の経緯や感想、いま考えていることなどを伺えればと思います。

武田　七月一日に反貧困ネットワークの集会があったじゃないですか。本当はそっちがメインで東京に行く予定だったんですけど、ゼミの先生から栗田さんから届いたというイベントのメールが回ってきて、そこに「宴」って書いてあったんですね。「宴かあ…」って思って（笑）。宴ってことはお話ができるわけじゃないですか？　これは直観的に「行きたい！」と思いました。それでいつの間にかフリーターズフリーのイベントがメインになっていたという。そんな風に参加させてもらったんですけど、感想としては、あったかい空間だなって。みんなが寄り添いあって生きているのが伝わってきたんですね。自立と言うと、いままで考えていたのは経済的な自立のことだけで、働いて、家にいて、自分のことは自分でやる、っていうのが強かったから、人と人が当たり前に寄り添う関係ってあるんだなって。おじさんたちもいっぱい話してくれて、嬉しかった。コミュニティに私たちが土足で入っているのに、本当にあったかくて、そういう時間がいいなあって。あと、隅田川沿いを案内してもらったのですが、花壇の話とか…。

大澤　排除アートってやつですね。行政は小屋を撤去した後に花壇を置く。野宿者の人たちは通行人の邪魔にならないように、歩行出来るだけの道幅を十分にとって小屋を作ることを心がけてるから、花壇のせいでそこにはもう小屋は作れなくなってしまう。

武田　そうですね。そういうことを知らずに公園の利用者がその花壇を見ても、「きれいな花壇だなあ」で終わってしまう。でも、そこに住む人に実際に話を聞くと、自分は路上生活者の人を目にはしていても、本当に見えてはいなかったんだなと。出会って話を聞くことで、出会いなおすきっかけになったんじゃないかな、と思いました。でも、ひっかかったのが、その話をしていただいたおじさんが最後に、「フリーターとかにはなっちゃいけんよ」と言われたんです。「若いうちは野宿もいいかもしれんけど、ちゃんと人生の設計は立てなきゃいけんよ」みたいなことを言われて、私はそれがすごいひっかかって、それからずっとモヤモヤしてるんです。私は隅田川の人たちのあったかいコミュニティが羨ましかったのに、そういうことを言われてしまうと何だか辛くなったし、おじさんにそう言わせるものって何なんだろうって悩んでしまったんです。

そら豆　あんま深く考えない方がいいよ。

一同　（爆笑）

そら豆　たぶん酔っ払って出た言葉だから。それに女の人の野宿者っていないから。

ちろる　いなくない よ。

そら豆　新宿とか渋谷にはいるかもしれないけど、隅田川にはいないんじゃないの。

ちろる　××さんも××さんも××さんも女性だよ。

そら豆　でも、とにかく、女性だと仕事を取ってくるのが難しいからね。だから、それならいいところに入った方がいいよ、っていう意味の言葉だと思いますよ。

生田　それを言ってたのって何歳くらいの人？

ちろる　六五歳ですね。

栗田　世代もありますよね。

ちろる　でも普段はそういうタイプじゃないの。若い頃は船乗りをやってて、トラックの運転手とか、昭和四〇年代に何もないところから新宿のビルを作ったりとか、職歴がいっぱいの昔ながらの山谷労働者タイプなんだけど、普段の考え方は「フリーターなんかになっちゃいけない」とかじゃないんだけどね。何でそんなこと言ったんだろう…。

大澤　野宿者問題に関わるときに難しいと思うのは、いままでの人生の中で捨ててきたようなものがそこで実現されているように見える反面、武田さんの話にあったように、「自分みたいになっちゃいけない」と言う人がいる。じつは僕も言われたんです。はじめて夜回りに行ったとき、すごく気さくなおっちゃんに突然、「自分らみたいになったらあかん」と言われて、やっぱり考えてしまいましたね。そういう武田さんや僕が考えさせられたことを、おそらく生田さんも、それこそ二〇年前の学生時代に考えたんじゃないかと思うんです。その辺りのことを少し聞かせて頂けませんか？

当事者と支援者の違いとは何か？

生田　僕が釜ヶ崎に行ったのは二一年前（一九八六年）で、当時から釜ヶ崎の周辺は野宿者が何百人もいるという状況でした。当時は日本中でも野宿者というのは寄せ場の周辺にしかほぼいなかったんですよ。日雇いという不安定就労の結果として仕事がなくなった人や、病気や高齢などで仕事ができなくなった日雇労働者が野宿になるというパターンだった。だから公共事業の工事が止まる四月になると仕事がなくなって野宿者が増える。八月になると仕事が増えて野宿者が減る。最初はぼくも何にも知らないから、野宿をやってる人って、僕らとは違うと思ってたんですよ。ちょっと変わった人がそうなってるのかなって。ところが話してみると普通なんです。

大澤　普通というのはどういうことですか？

生田　みんな真面目なんです。どっちかって言うとクソ真面目なほどの人が多かった。正直者が野宿するというパターンがあって、実際に会って話すと持ってたイメージと全然ちがうので驚きました。ぼくは野宿やってる人に声をかけて病院に入ってもらうとか、生活保護を取りたい人のサポートをするとかをやっていたんですけど、あるときさっかけがあって、セミナーで日雇い労働を実際にやってみたんです。釜ヶ崎って路上でみんなゴロゴロ寝てるじゃないですか？　自由でおもしろいなと思わないでもなかったんだけど、みんな仕事に行くとものすごい真面目に働いてるんですよ。仕事もすごいプロフェッショナルでね。それで、釜ヶ崎でゴロゴロ寝てる姿っていうのは、会社でバリバリ働いてるお父さんが家でゴロゴロ寝てるのと同じなのかなと思いました。みんな労働者ってことにすごい誇りを持っていました。また労働がすごい過酷でね。たまたま真夏の日に仕事に行ったんだけど、本当に死ぬ思いをしてね。

栗田　死ぬ思いですか…。

生田　何日か行ったんですけど、毎日が体力の限界への挑戦でした。大阪は日本一暑い街なんだけど、そのなかでも真夏日だったから本当に仕事が終わる頃には倒れるくらい。そのときにすごいショックを受けたんですね、今まで自分は何をやってきたのかなって。やっぱり自分で日雇い労働をやって、ドヤを回ってという生活をしないと、近づけないんじゃないかなと思ったんです。それが学生の頃に日雇い労働をはじめたきっかけです。二年間は学生でボランティアをやりつつ日雇い労働をやってて、大学を卒業してからは日雇い労働だけで稼いで生活するようになりました。そのとき考えたのは、自分が日雇いやってるのと、釜ヶ崎で前から日雇いやってる人の立場は同じなのかなって。やっぱり違うんです。

大澤　どう違うんでしょうか？

生田　一つは、釜ヶ崎で日雇いをやっている人は、やむを得ずという人が多い。団塊の世代で、集団就職で熊本とかから出てきて、苦労に苦労を重ねながら何度も転職を繰り返して最後に日雇いになるという人が多いんです。で、そのことについて、みんな自分自身のことを肯定的に思っていない。だから僕なんかがしょっちゅう言われたのは「おっちゃんみたいになったらあかん」と（笑）。そこでは日雇い労働に向いてる向いてないは関係ない。体の弱い人も、栗田さんがよく自分について形容するような「不器用」な人も、必死になって働いていた。本当に見てるだけでお気の毒な人もいました（笑）。そういう人たちを見ていると、好きで支援をやりたくて日雇い労働をやっている自分と、流れ流れてやらざるを得ないからやっている人は明らかに違うなと感じていました。

大澤　ところで生田さんの周りで、生田さんと同じように自分自身が日雇いをやりながら支援をしている人って、どのくらいいるんですか？

生田　いまは日雇い労働の数自体が減ったからそんなにいません。でも僕が日雇いをはじめた二〇年前は、釜日労（釜ヶ崎日雇労働組合）だけで二〇人以上いたし、若い年代も毎年一人以上は入ってきました。で、彼らはいま支援団体で事務職をやっているとか、牧師になっているとか、そういうことがあるわけです（笑）。ぼくだって形の上では日雇い労働者だけど、今はNPOに雇用されてて仕事は月に一六日ぐらいは必ずあるし。その意味で、支援者は日雇い労働をやっていても「なんとかなる」というところがある。だから、なんぼ同じ日雇いの仕事をしていても、支援者と当事者ではやっぱり違いがあると思います。

ちろる　それと同じことを野宿について思ってたんです。たとえば活動家の人が追い出しのときに公園に住み込むというのを聞いたことがあるんだけど、いま生田さんが仰ったように、仕事を失くしたり、家族を失くしたり、って一つひとつのプロセスを経て最終的に野宿に至った人と、そういうプロセスがなくて野宿という状況だけを経験している人は、いくら一緒に野宿をしても「同じです」とは言えないと思ってた。だから何かのきっかけで自分がそういう立場になったら悩むと思ってたんですけど、実際に隅田川に行ってみたら楽しかったんです（笑）。ここに一緒にいたいなって。悩むことなく。

栗田　悩むことなく（笑）。

ちろる　でも、そこはいまだに悩むべきところではあると思っています。私は土方の日雇いではなくて日雇い派遣で貧乏生活だけど、好きでこうなったのか、大学は出たけど要領が悪くてこうなったのか、そこが自分でもよくわからない。そう考えていると、「当事者」っていうのがそもそもわからなくなってくる。私が最初に支援に来た頃は、野宿している人は当事者で、自分は野宿をしなくてもいい支援者だった。好きでこういう世界に関わっていると。でも、自分の立場が変わったからなのか、世の中が変わってきたからなのかわからないけど、野宿していないから支援者で、野宿しているから当事者という単純な二分法が正しいのかなと思うようになってきたんです。支援者と当事者の境がなくなってきたというか。たとえば知り合いで「支援者として来ました」という人がいるのですが、その人は確かに大学に行ってて、就職しようと思えば出来るのかもしれないし、実際に正社員として就職してたんだけど、そこが過剰労働の職場で、結局辞めてフリーターになったんです。だから社会問題を一つひとつ取って見たら、いろんなところにいろんな当事者がいて、誰が支援者で誰が当事者かという区別が最近よくわからなくなってきたんです。

そら豆　でもね、支援者じゃなくて当事者だ、自分は日雇いをやっている、フリーターをやっているって言っても、自分で自分を切り詰めるってことが野宿当事者には出来ないじゃないですか。それに当事者だったら「隅田川から来ました」って言えば他の当事者と喋れるけど、支援者の場合は「支援者です」って言わないと通じないでしょう。おれもそう思ったんだよね。団体でやってるわけじゃないんだよ。当事者として当事者の支援をやろうとしてるんだけど、どうしてもどこかの団体に所属している支援者として見られる。みんなで一緒にやろうって思ってるのにね。それが歯がゆいんだよね。

ちろる 私は自分のアイデンティティとしては、どこの団体にも所属していなくて、個人として来ているつもりです。はじめて隅田川に来たときに、実際にそこに住んでいる隅田川の仲間たちが自分たちで話し合って、「次はこうしてみよう」とか、「役所にこう言ってみたらどうか」とか、「新しい仲間を迎えるにはこうしたらいいんじゃないか」とか議論していて、そういう当事者の主体的な運動が楽しいと思ったから、この人たちと一緒に何かをやりたいと思ったから一緒にいるだけで、べつに特定の支援団体に入ったわけでもない——一緒に行動させていただいてはいるのですが。でも、はじめて会った仲間から、「あんた活動家か?」とか聞かれて、「違いますよ」と言うと「じゃあボランティアか?」と聞かれて、「いやそれも違う」と言うと「じゃあ何なんだ」って。そう言われると自分でも「何なんだろうな」って思ったりして(笑)。

思考停止のためのロジックを超える

そら豆 生田さんは二〇年もやってたら、そういうことってありましたよね?

生田 そうですね。まず、野宿と言っても家はあるよね。テントがある。ダンボールハウスとは言っても、それは「ハウス」と言うぐらいだから、ある意味、家です。仕事がないかと言えば、それもあるよね。空き缶集めとか日雇い労働とかに多くの野宿者がいっている。だから野宿者と言われている人も、仕事も家もあるわけで、その意味では他の人とまったく変わりがない。じゃあ何が違うかというと、単に貧困の度合いだと思うんです。そのために路上で寝たり、公園で寝たりしている。つまり根本的に貧困の問題だと思うんですよ。お金がある程度あって野宿をしている人なら、大して不都合はないでしょう。さっき反貧困キャンペーンの話が出たけど、「反貧困」とは言っても、われわれは「反野宿」とは言わないじゃないですか。「反野宿」はアカンでしょう。

大澤　その区別をもう少し説明してもらえますか？

生田　支援者などのなかでは対立軸として「野宿の肯定」と「野宿の解消」というのが結構あるんです。だけど僕はそれは偽の問題だと思う。そこでは「野宿を減らす」か「野宿だっていいじゃないか」という対立になるんだけど、おそらくそこは本当は問題じゃない。野宿者の平均月収は四万円らしいんだけど、それはいくら何でも厳しい。僕は構造的な貧困は解消すべきであると思う。その貧困の結果として家を失う人がいる。解消すべきなのは、たとえば搾取であるとか行政の弱者切捨てとか、コミュニティの損失といった「経済の貧困」「関係の貧困」の問題であって、それらの問題を解決した結果としてみんなが豊かな生活を送れるようになればいいと思うんです。その意味では野宿をやっているから当事者で、やっていないから当事者ではない、ということではない。みんなは何らかのかたちで当事者であるし、そういう風に考えれば、個別の状況が違っていてもつながっていくことはできると思うんですよ。「反貧困」というキーワードはその意味では重要だと思っているんです。

大澤　ただ、何かに関わることについて考えたときに、一般論として「現場を知らない奴が口を出すな」ということがあると思うんです。事情も知らないくせに関わってくるのは迷惑だと。そういう感覚で野宿者問題を見たときに、多くの人は「自分に何かを言う資格があるのか」と思う気がする。それは生田さんがかつて、「自分が日雇いをやらないで日雇い問題に関わるのは嘘くさい」と感じたことにも近いと思う。自分について言えば、僕はフリーターズフリーでは女性労働の問題について、ずっとそういう態度を取ってきていた。自分は女性ではないから女性の労働問題はわからない。本気になって考えたこともないから、何かを言えば間違うし、それなら言うべき人が言えばいいだろうと思っていた。でもその発想自体にじつは罠がある。つまり思考停止するためのロジックになっているわけです。

生田　でも「女性問題」は元来は男性問題であるわけでしょう。

大澤　まあそうなんだけど、体で理解できない部分があって。

武田　生田さんが「嘘くさい」と本で書いていたのは、私もフィールドワークで思うところがあるんです。私たちはべつに支援で現場に入ってるわけじゃなくて、あくまで学ばせてもらうために土足で現場に入らせてもらってるわけですよね。それも親の金で大学に行かせてもらっている立場で。それって何なのかなって。話を聞いて、色んなものを頂いて帰ってくるのですが、それをどうしたらいいかわからなくて、いま悩んでいます。

大澤　すごく大切なことだと思いますよ。たとえば、この本を読んでいる人の多くはおそらく野宿者ではないし、それどころか野宿者と話したことさえないと思う。とはいえ、そういう問題に関心はあるから、何かを考えたいと思って読んでくれているはずです。でもね、そこで提示されるのが「こういう現状がありますよ」だけで、読者の方も「こんな問題があるんだ」で終わるのなら、それはやはり知的消費のネタでしかない。学者先生なんかに顕著ですが。べつに恒常的に支援の現場に関わらなければ無意味とは言わない。だけど、ここでの論議を自らの実行と平気で切り離せるような読者を、僕は突き放したい。たとえばそら豆さんは、自分が当事者だったとき、支援者についてどう思いましたか？　支援者もいろいろだろうし、もちろん言いたくなければ言わなくてもいいけど。

そら豆　たとえば、現場に来る人と来ない人がいる。で、来ない人は、なんで来ないのに現場について言えるのかなって思う。たとえば強制排除のときに、当事者とは別のところで会議だけやってたり。そういうのは気に入らない。当事者で寄り合いの会議をやっても、それが生かせないってことがあるしね。もう「会議で決まったから」って。どうして当事者のいないところで決めるのか。会議の場に当事者を呼べばいいのに。そこでみんなで議論をするならわかるんだけど、説明もないじゃないですか。こうしますって決めたら、当事者が何を言っても気にしないってのはおかしいよ。会議室でビデオだけ見て決められたくない。だから、学生でも実際に小屋まで来てもらって、当事者の仕事とか生活を見て欲しい。それでテレビが言ってることとは違うんだってわかってほしい。

大澤　話を聞いてて、釜ヶ崎に行ったときのことを思い出しました。野宿者の人ってわりと犬を飼ってるじゃないですか。それで支援者の人が、「保健所に連れて行かれないために犬に首輪をつけましょう」って言ったんですね。それに対してある野宿者の人が猛烈に怒ったんです。その怒り方が少しわかりにくくて、「何で保健所は犬を殺すんだ！」って怒っていて、支援者の人は「だから殺されないように首輪をつけましょうね」って宥《なだ》めるんだけど、その支援者の人に「お前は間違っている！」と怒鳴るわけです。僕はそこで支援者と当事者の感覚の違いというのを感じたんですね。というのは、野宿者にとって犬は家族なんです。首輪をつけた犬なら助かるという感覚は、首輪をつけた人間なら助かるという感覚と地続きだってことを、その人は直観的に感じとったのかもしれない。もちろん、現実的な対応としてはそれしかないのかもしれないけど、気になったのは、支援者の人に「犬に首輪をつけさせる」という発想への疑いが皆無のように見えたことです。それがそら豆さんの言う支援団体の人と重なって見えました。でも他人をどうこう言うより、まずは自分のことですよね。たとえばそら豆さんは僕についてどう思います？　日常的に支援に関わるわけではなく、お祭りとかイベントのときだけ参加して、話したいなと思ったときに話を聞かせてもらってるだけの存在って、正直どうですか？（笑）

一同　（爆笑）

そら豆　まあ「いいトコどり」って感じかな。でもそれを何かで伝えてくれるならいいんですよ。周りの友達でも学校でも、こういう風にいい雰囲気でやってたから、テレビの伝え方はおかしいからねっていう伝え方をしてくれれば、一番だけどね。

支援者は信頼できないか？

武田　隅田川のことは、大学に帰った後、一つ下の学年の子たち――十数名いたんですけど――に報告したんですけど、思ったことがうまく伝えられなくて、すごくもどかしい感じがしたんです。自分のせいだと思うんですけど、反応が滅茶苦茶薄かったんです。それで何で伝えられないんだろうって思って。あと、フリーターのデモのビデオを先生が授業中に見せたりするんですけど、それに対する学生の反応は「あの人はイタい人たちだ」みたいな感じなんです。「努力が足りない人たちだ」というコメントもあったそうです。

そら豆　たぶん伝え方の問題じゃなくて、自分のことだと思ってないんだよ。自分がそうなるとは思ってない。ちゃんと単位を取って、ちゃんと就職すればいいと思ってるから、こんなのは自分とは関係ないと思ってるんだと思うよ。

武田　就職説明会でも、就職支援課の方が「みなさんはちゃんと就職してワーキング・プアにならないようにしましょう」とか言うんで、えーって思うんですけど（笑）。

生田　小学校とか中学校でも「フリーターにならないために」って授業あるよね。

栗田　でも、そういう中でも武田さんのような人もいるし、そういう授業を受けていた小学生の中でも、「フリーターの人は偉いんですね。その人たちがいないとマクドナルドはこんなに安く食べられないんですね」という感想を持った子がいたらしくて、そこに希望の灯を見ているんですけど（笑）。伝えられないという話で言うと、昔自分が書いたミニコミ誌を今日は持ってきたんです。私は支援者をまともにやったことはないんだけど、やっぱり伝えようと思ったんですね。はじめは、べつに釜ヶ崎のことを伝えようと思ったんじゃないけど、結果として時期が重なったんです。自分はいろんな意味で支援はできないと思ったんです。体力がないというのもあるけれど、自分が女だっていうことを釜ヶ崎ではすごく感じてしまって。やっぱり女の人がすごく少なかったことが衝撃で。視線を感じるわけですよ。自意識過剰なのかもしれないけど、私はそこにスッと入ることはできない。そこで何が出来るかと思ったときに、ミニコミの活動に走ったんですね。つまり表現するしかないと。だから、この話をする前にそら豆さんに「伝えてくれ」と言われたことは、すごく嬉しかった。でもすごく難しいと思う。たとえば、私がそのミニコミで、「釜ヶ崎の街はにおいがするけど、そのにおいが悪いものだとは思わない」と書くと、「栗田さん、においがある街なんて、よくそんなデリカシーのないこと書けますね」と批判される…。

大澤　でも実際ににおいはあるからね。

生田　はじめて来たときびっくりしたよ（笑）。何で街中でションベンのにおいがって。

栗田　自分はそういうことからはじめていくしかないなって。だけど薄くでも関わっていたい。そこでさっきの所属の問題ですよね。支援者はどうしても団体に所属している。私も横浜の寿町に何度か足を運んだことがあるのですが、所属というほどでもないんだけど、ある団体と関わっていたんですね。でも支援者っていう言い方にはすごく抵抗があった。というのは、ミニコミの活動以外に何もやってないというのと、もう一つは、私がフリーター真っ盛りのときに――今も似たようなものだけど――新大久保を歩いていて、あるおじさんに「一〇〇円くれないか?」って言われて、「あげられません」って即座に答えたことがあるんです。あげられないのは選択の一つとして問題ないと思うけど、問題は、そのいかにも路上生活者と一目でわかる身なりの人が、いきなり個人の私に声をかけてきたときにうまく対応が出来なかったということなんです。これはショックでした。つまり素の私はすごく差別的じゃないかと。この「私」をどうにかしなきゃ、何をやっても無意味じゃないかと。あたしは日雇いはできないし、たぶん路上生活もできない。でも、この素の差別的な私をどうにかしないといけないだろうって。

そら豆　本当に感じたことを書いて、どこかに置けばいいんですよ。どこかあると思うんだよ、掲示板とか、おれ大学行ってないからわかんないけど(笑)。実際に来られなくても伝わればいいんだから。誰か取ってくれる人がいるって信じて。長くやってれば誰かはいますよ。一人でもいれば成功だと思えばいいんじゃないかな。自分が無意味だと思っちゃうとひきこもっちゃうから。ひきこもって鬱になっちゃう(笑)。

一同　(爆笑――イベント参加者の中には鬱傾向の人間が複数名いました)

そら豆　自分が悪いと思わない方がいいよ。その方が気が楽になるよ。

生田　中学とか高校で野宿者問題の授業をやることがあるんだけど、基本的に中高生は野宿者問題にまったく関心ありません。たまに先生がアンケートを取って生徒の要望が多い授業をやるという課外授業があって、まあ人気があるのはマジックとか（笑）。ただ、実際に授業をやってみると、かなりの生徒が真剣に話を聞いてくれるんですよ。クラスに一人か二人はもっと聞きたいと個人的に話しかけてくる人がいて、夜回りに参加してもらったりすることもあります。そこまでいかなくても、感想文とかを読めば考えてくれたことは伝わってくる。その意味では、伝えていけば一定数の反応があるんだな、とはいつも思います。とはいえ、野宿をやっている人から言うと、支援者が頼りないっていうのはあると思う。いざって時に頼りにならない。これは自分自身を省みてもそう思うけど。もともとは靱《うつぼ》公園にいて、排除されて長居公園に行った女の人がいたんだけど、その人が新聞のインタビューに答えて「私は支援者を信用していない」ということを言っていた。「最後に信用できるのは野宿をやってる仲間だけだ」って。それはそうだろうなって読んで思ったんですよ。ただ、その人は長居公園でまた支援者と関係を作っていって、後に考えが変わってきたって言ってたけど。ただ、生活かけて一緒に暮らしている人は、時々やってくる人を最後のところで絶対に信頼できないと思うんですよ。

そら豆　（みんなを見渡して）まあそうですね。

一同　（爆笑）

そら豆　だってさ、どこかで追い出しがあるとかっていうのは、どうしても当事者の間で回ってくるんですよ。それを支援者に伝えたくても、仕事で電話を切られていたりして、出てくれないことが多いんですよ。一年が三六五日でしょ。そのなかでつながることってそんなにないんですよね。都合がつく時にじゃダメなんですよ。連絡したい人にとってはその時がピークだから、そこで来てくれる人がいないと頼りないいんですよね。

生田　公園の排除のときも、行政が野宿者に恫喝をかけてきたり、いきなりやって来て撤去したりするじゃないですか。そういうときも週に一回来るだけの支援者——というのは僕なんだけど——は頼りにならない。そういうときは一緒に住んでなきゃ本当はダメなんだなってことはいつも思う。

大澤　現時点ではどうしても、それこそ野宿者の人たちと一緒に住んでディープに関わるか、本だけ読んで「こんな生活してる人がいるんだ」と関心を持つという二極があるように見えるんです。関わり方としては前者がもっとも徹底していて、もっとも不徹底なものとして後者がいるという支援のヒエラルキーが不可視的にある気がする（実際はそんなに単純ではないと思いますが）。でも、この回路とは別の角度から野宿者問題にコミットできないのかずっと考えているんです。諸個人が自分の人生を全力で全うしようとすること自体が、野宿者問題の解消に結びついていくような関わり方の回路はないのか。そこを目指さないと、結局、奇特な数パーセントの人間が社会の皺寄せをフォローし続けるという支援の構造が変わらない。これはマイノリティー問題一般の問題だと思うけど。

支援者内部の「差別」意識を問う

栗田　私は前に「野宿者の人に話しかけないが石も投げない」という文章を書いて物議を醸したんですが、あれを書いた時期は苦しかったんです。夜回りしても私が風邪ひくくらいだから、支援どころじゃない自分というのを感じていて。どうしたらいいんだろうって。石を投げないというのは、私が石を投げないということだけじゃなくて、石を投げるというような行動を作り出す文化に対して、いかに与《くみ》しないで生きていけるだろうかってことを考えていたんですね。たとえば、批判したいわけじゃないけど、ある「支援者」の話を聞いてギョッとしたことがあるんです。「自分は支援者としては野宿者に関われるけど、電車なんかで同じ席に座るのは嫌だ」って言う人がいた。それはいくら何でもまずいだろうと思ったんですね。

生田　でもいるよね。越冬シーズンになると釜ヶ崎に人がいっぱい来るんだけど、その中に「東京から来ました、毎年、釜ヶ崎の越冬に来ています」っていう人がいて、「じゃあ東京では新宿とかの夜回りに行くんですか？」って聞いたら、「いや東京では夜回りに行ったことありません」って。何だそれって思ってしまう。釜ヶ崎が人権問題の「名所」になっている。

栗田　支援という枠の中でしか関わることができないなら、私がやってることは意味がないのではないかと思ってしまった。それなら支援者としてではなくても、野宿者に石を投げるような――ホームレスに対する墨田区での襲撃（と敢えて呼びたいのですが）のような――暴挙に対して反対できるような力をつけたいと思ったんです。フリーターズフリーに加わったのもその延長です。もちろん、フリーターは野宿者と違うけれど、そこでつながることができなければ私がやってきたことは何の意味もないと思って。一人の人として、一カ月くらいお風呂に入っていない人がいてもいい。「いい、悪い」なんて私ごときが決めることじゃないけど、そういう人を排除しない社会を「支援者」ではない人たちがつくりだす力を実は持っている、そういうことに気づいていかなきゃいけないんじゃないか。そこを伝えたかったんです。当事者以外に問題があると指摘するのが構造を批判することでしょう。その批判はいわば当事者でも支援者でもない、いわゆる「一般人」に向けられていくものでもあるでしょう。「当事者」でもない、「支援者」として関わるのでもない、それこそ路上生活者の人と電車に乗り合わせる関係でしかない人間が持つ力についてずっと考えているんです。さらに生田さんと以前話したのだけど、構造的な貧困を批判することは、当然、貧しくなった人を悪いと責めることではないですよね。つまり「構造的な貧困への反対」である「反貧困」と、いわば「反貧困者（貧困状態に陥った人やその生活スタイルを否定すること）」は違うはずなのに、しばしばそれらは混同されやすい。わたしたちが考える「反貧困」という主張は、「反貧困者」や「反野宿」ではない、つまり「野宿」という現実の生活スタイルを否定するわけではないということを、心底から伝えなければならないでしょう。

大澤　さっきそら豆さんから、かつて当事者だった立場から支援者の在り方について話してもらったけど、栗田さんは支援者として関わろうとするなかで、むしろ支援のあり方に疑問を感じ始めたということですよね。その辺をもう少し明らかにしませんか？

栗田　その話をしなければなりませんね。私が寄せ場に行ったときに、幸か不幸か自分が女性であるということを殊更意識するようになりました。精神的に不安定な時期だったということもあって、女性として関わってしまうようなことがあったんです、野宿者に対しても支援者に対しても。ぶっちゃけ恋愛関係、もとい、性的関係に陥るとかね（苦笑）。そういうことをやっていても社会も相手も、もちろん自分もなにも変わらない。でも何故か女性として振舞うような場面に自然に陥っていく。そういう問題は私個人の特殊問題ではなくて、おそらく、野宿者支援の現場では常にあったことのような気がするんです。生田さんも『ルポ最底辺』のなかで釜ヶ崎の女性差別について書かれていましたよね？

生田　九〇年代はじめの頃のことですね。

大澤　本の内容に即して説明すると、九〇年に釜ヶ崎で暴動が起こったあと、生田さんはしばらく支援活動を中止する。その理由については奥歯にものが詰まったような言い方で女性差別と沖縄差別が示唆され、「一言でいえば、日雇労働者という「被差別」の立場から活動している者が、自分自身の差別についてはあまりに無自覚なのではないか」とだけ書かれています。その後、一九九五年に大阪の道頓堀で若者によって野宿者が惨殺された事件を機に、生田さんは支援活動に復帰する。それは本の「あとがき」に書かれているように、道頓堀川で死者への供養に花を投げた時に感じた、「死んでから花を投げても遅い」という後悔を繰り返したくないという切迫感に支えられていた。ただ、そこでは、かつて生田さんが活動中止に追い込まれた問いが解決されたわけではありませんよね？

生田　九〇年の釜ヶ崎越冬のときは、女性差別と沖縄差別が問題になりました。前者は日雇いをやっている人が女性の支援者を襲いました。それで、ものすごい問題になったんです。支援に来ていたのは学生だったので、まず学生からこういうことがあったと報告を受けたのですが、活動家は大体男性なんですけど、通り一遍のことを言うだけでほとんど対応できなかった。もう一つの沖縄差別は、沖縄日雇労働組合が来てたんだけど、釜ヶ崎での対応が非常に悪くて怒らせてしまったということがあった。それは単に態度が悪かったということではなくて、根本に沖縄と大和の関係に対する無知があった。そんな中で自分たち自身の姿勢がまったく考えられていなかったんじゃないかって声が上がって、それから一週間に一回、一年間ずっと総括討議をやったんです。最初はみんな来てたんだけど、だんだん抜けて行き、最後は一〇人くらいしかいなくなってた。それ以後にも、今度は西成署による支援女性への性的暴言事件があって、それをきっかけに活動家の間で大きな議論が起こりました。ぼく自身、きちんと関われないということがあって、「自分は何をしてるんだろう」と完全に落ち込みました。

ようするに日雇労働者はほとんどが男性じゃないですか。野宿者も大多数が男性。そうすると、野宿者の世界も寄せ場もほとんどが男なんで、女性に被害が集中するんです。とくに野宿者や日雇い労働者が女性差別的ということではなくて、単純に男性が多いからそうなってしまう。一方、活動家は「日雇い労働者の解放がまず大事じゃないか、ここは寄せ場なんだ」と言う人もいたりする。女性差別の問題は確かに大事だけど、それはそれとして…、みたいなパターンになっちゃうんですよ。あとややこしいのは、多くの人はプライベートで男女関係があって、そのカップルの関係もいろいろあるわけです。だからものすごいみんな言いにくい。自分のことでもあるし、プライバシーにも関わってくるから、男は口ごもっちゃう。それで女の人たちが失望してしまうという状況がありました。僕も沖縄と女性差別の問題を自分のこととして考えようとしたんだけど、自分自身も掘り起こしていくとどうしていいかわからなくなって、もう続けられなくなっちゃった。申し訳ないし、恥ずかしいことだと今でも思っています。

そもそも、差別と戦うという自分たち自身が、他の立場の人を無自覚に差別しているとしたら、そんなの信用できるわけないじゃないですか。例えば労働運動をやっている人が、野宿者に対して「気楽でいいね」とか「いい加減に仕事をしなよ」とか言ってたらとても信じられないのと同じことです。当時は七〇年代の言葉が生きていて、「反差別共同闘争」というテーマがあった。それは部落解放運動から来ていて、いろんな立場の人が共同で差別と闘っていくという意味ですよね。しかし、それこそカントで言えば統整的理念で、絶対に実現できないくらい難しいと思うんですよ。だからこそずっと考え続けなきゃいけないと思う。ただ、ちょっと危惧しているのは、最近、みんなそういうことを言わなくなったということですね。

大澤　そうでしたか。じつは生田さんの本のなかで、最も気になったのはそこだったんです。数行でさらっと書かれているけど、じつは五年間も活動を停止していたわけじゃないですか。生田さんと出会ってもう五年近くになるけど、その辺の話ってしたことなかったですよね。前に一度、「活動を停止していた時期がある」とは聞いていたけど。

生田　女性の支援者がやめていくのも、女性差別の問題が大きいですね。

大澤　杉田さんの「無能力批評」（『フリーターズフリー』1号）を読んで、彼が確実に何かをつかんだなと思ったことの一つに、「内なる優生思想は自力では除去できない」という認識がありました。つまり、人はいくら自問を繰り返しても、結局、内省の罠にハマることになる。自分の内部に巣食う悪を除去するためには、そこに他者の力が加わらなければいけない、そう杉田さんは書いていた。僕の言葉で言うと、自分が差別している当人と協力することで、差別的な自分の心を克服していかなければいけない、となります。もちろんそこでは「協力」という言葉で言い尽くせない、互いが傷を負う光景が生じるはずです。生田さんの話を聞いていて思うのは、生田さんがずっと考え続けている女性差別の問題は、いまこの場で、つまりかつて支援者だった栗田さん、いま支援者であるちろるさん、これから支援者になりうる武田さんという三人の女性の前で問うことが必要なのではないかということなんです。

「マッチョな活動家って嫌だよね」

栗田　女性であっても、人によってはそこまで女性差別が気にならなかったりすると思うので、そこは個別性があると思いますが、ただ、いろんなことを紐解いてみると、寄せ場で女性性の問題にぶつかるってことはある。差別を受けたというよりも、もっと痛切に感じることは活動家と恋愛関係に陥って、それで社会が変わればいいけれど、何一つ変わらないんですよ（苦笑）。路上の問題に関わってる男女に恋愛関係が生まれたとして、そこで出てくるのは既成の社会的価値観を超えるような恋愛ではなくて、すごくステレオタイプな男女の関係だったというのが私の印象でした。「いまの社会はおかしい」みたいなことを言っていた活動家が、恋愛関係においては「オレの女」みたいなことを言う。その意味で急に「常識的」な人になってしまう。全部が常識的ならわかるけど、なんである部分ではアナーキーなものを持っているのに、女性に対しては「常識的」なのかと疑問に感じました。

大澤　野宿者支援者ってアナーキーなんですか？

栗田　少なくとも常識を疑うという感覚はあると思うんだけど。だって路上生活っていうのは常識的なイメージでは「してはいけないこと」みたいな感じでしょう。そういうことに「違うんじゃない？」って思うことから始まると私は思い込んでいたから。でも、それを大澤さんに問われたこと自体が、まさに問題がぶつかり合ってるところだと思う。

武田　栗田さんは社会を変えたいと思って活動をしているんですか？

栗田　社会を変えたいというか、「路上生活はいけない」という思い込みを変えることに全力を注ぎたい。それが社会を変えることに含まれるとは思っています。どっちかと言うと政策というよりは表現をやりたいから、「路上生活はいけない」という思い込みに対してそれを変えることに全力を注ぎたいなって。

大澤　いわゆる「支援者」の意識はそれとは違うんじゃないかな。路上生活で苦しい思いをしている人がいるから、そういう社会を変えなければいけないと思うのは、ある意味で非常に「常識的」で「真っ当」な感覚だと思うんだけど。

栗田　でも「社会」って、「これが社会です」って取り出して目に見せることができるものじゃないじゃない？　外にもあれば内にもあるようなものでしょう。自分が社会の外側にいるわけじゃない、自分もこの社会を構成しているわけだから。

武田　私も栗田さんと同じだと思うんです。社会を変えるというつもりはなくて、野宿者の方々と関わって、自分が変わっていくことには何か意味があると思うんですけど。

栗田　自分が変わるのは当たり前なんですね。路上でいろんな話をして自分を発見することはあるんだけど、男女という枠組になると、急にその感覚が消えるのは何なんだろうって。路上に豊かな世界があるとか、そういうのを知っているはずなのに……。

大澤　そう思ってやってないんじゃないの？　そういう人たちって。

栗田　どういうこと？

大澤　路上生活が豊かだとか、既成の価値観以外のものを認めようとかじゃなくて、家で暮らすのは幸せだ、それを奪われている人たちは可哀想だっていうきわめて「常識的」な価値観が、支援者の人たちの実践を支えているんじゃないの？

栗田　いちおう彼らは言葉の上では言ってるから、路上の豊かさを認めようみたいなことはね。でも恋愛関係ないし、性的関係においてはそうじゃないのは何なんだろうと。

ちろる　さっき栗田さんが言った「一〇〇円あげられなかった」エピソードみたいに、支援団体とか運動という枠組では野宿者や野宿者問題に関われるけど、自分が一人でいるときは身構えるというのと同じで、男女の関係もまた個と個だから。そこも考えなきゃいけないと思います。運動の場では「野宿者の権利を！」みたいなこと言ってるクセに、男女の関係になったら「オレの女がよ〜」みたいな男の人がいたとして、その人は運動という枠組では闘えるけど、個と個になったときには社会の矛盾と闘うことが出来なくて、一番楽なところに落ち着いちゃう。

栗田　一体この落差は何なんだろう。あるモードになると「解放！」とか言うのに、男女っていう枠になったときに、サラリーマンみたいな…。一体この落差は何なんだろう。あるモードになると「解放！」とか言うのに、男女っていう枠になったときの「常識人」となってしまうことの落差。その落差がすごくショックでした。路上生活者に対しても偏見があって、男女関係にもステレオタイプな対応であるというならそれはそれで嫌だけれど、落差に対する衝撃はなかっただろうと思う。それは未だに解決できない。そこを乗り越えないと前に進めないという感じがする。それと、生田さんが日雇い労働の現場でそういう問題があったときに活動をストップしていたと聞いて、ストップしてもいいんだと思えました（笑）。コンスタントに関われる人は幸せかもしれないけど、関われない時期っていうのも人間にはあって、そういうことも重要なんだなって。

ちろる　ストップこそしなかったけど、ずっと悩んで立ち直れなかったことはある。女性差別とかじゃないんですけど。私はやっぱり運動としてやっている以上は、最終的には世の中を変えたいと思っていて、いまは強い者が勝って弱い者が「ははー（平伏）」みたいな世の中が常態化していて、それを変えようとしてやっているはずなのに、結局、運動の中でも強い者勝ちじゃないけど、声が大きい者が実権を握っていく場面がある。栗田さんと最初に仲良くなったきっかけもそういう話で、「マッチョな活動家って嫌だよね」って。マッチョというのは体格が筋肉質とかじゃなくて、有能さとか強さに拘るタイプの活動家です。有能さや強さって既存の社会が人を選別したり価値づけたりするときの物差しでしょう。そういうことがモノを言う運動、そういう人に他の活動家が従っていくような運動は嫌だよねって話をしたんです。それを強烈に意識させられた経験があるんです。世の中の動きだけでも憂鬱になるのに。下手すると精神的に不安定なときとかは警察に職質されただけでも「何だチクショー！」って思ったり。世の中がどんどん悪くなっていって、運動をやらなければ悪くなる一方なんだけど、その運動さ

え も世の中と同じ方向に流れていくとしたら、ああどうしようどうしようって。

ボスを生み出さないシステムに向けて

そら豆　当事者でも意見を言える人と言えない人っているでしょう。たとえば追い出しがあるって情報が入ったときに、小屋を持っていても、周りと喋れないって人がいるじゃないですか？　そのとき生田さんならどうします？　個別に相談を聞いたりする？

生田　たとえば行政に対してみんなで抗議の話し合いに行こうとするじゃないですか。でも「いやワシは仕事が忙しいから」と言う人もいるし、ガンガン抗議していく人もいるし、いろいろですよね。もちろん、仕事があるというのは生活がかかった大切な理由だし、また、抗議しても無駄だと思っている人もいると思います。そこはいちおう声はかけるけど、あとは自分で決めてもらうしかないと思ってます。

そら豆　野宿者のなかにボス社会があるとき、それを束ねているボスの下で生きてると差別があるじゃないですか？　その差別を失くすにはどうすればいいと思います？　だって野宿してるのは同じなんだよ。小屋を作ってるのも同じだし。その土地は区とか都のものなんだから、別にその人の土地じゃないわけでしょう。それなのに、そこで自分は偉いみたいな振る舞いをする人がいるんだよ、自分も当事者なのにね。他の人に働かせて、その上がりをもらうみたいな人もいるわけじゃないですか。

生田　喧嘩も多いよね。わりと価値観が男社会的なんだよね。「わしが仕切ってやってるんや」とか、「わしはこんなに仕事してきたんや」とかね。一般的な価値観が野宿者社会にも延長されているというパターンがある。ようするに路上も一般社会なんですよ。女の人がいたら専業主婦やってるし、というかやらされてるし。昔は日雇い労働者ばかりだったので、仲間どうしの問題も今とはかなり違いました。というのは、みんな同じような背景を持ってて、生活条件も階層もほぼ同じだし、もともと顔見知りだし、それがたまたま同じ公園に来て野宿しているということでかなりわかり合ってた。けれど、最近は隣のテントにどういう人が住んでいるかわからない、という場合がけっこうある。そういう共通の価値観がないところで諍いが生じて、殺人に至るというパターンがけっこう多くなってきたのかもしれない。実際、いま、野宿者どうしでの殺人って襲撃の殺人と同じぐらいあるんですよ。そういうのはイヤだよね。

一同　イヤだねえ（笑）。

ちろる　隅田川で何か取り組みをやろうというときは、そのところで頑張っている部分があるんです。隅田川ではそれまでどんどん役所に小屋から追い出されていたんですが、二〇〇五年に一気に形勢逆転したんですね。反撃！　反撃！　反撃！　みたいな。行政が追い出しに来ても誰も追い出されないではね返すとか、いままで人がいなかったところに新たに小屋を建てて人が住めるようにしたり。そのような形成逆転の背景に何があったかというと、桜橋で集団野営をするようになったときに、「ボスは絶対に作らない」という暗黙のルールを作ったんです。それで困っている人がいたら誰でも助けようと。一般社会では「強い者が弱い者を支配する」というのがあるけど、そうじゃない空間にしようとみんなで決めたんです。それが結果的に結束を強くしたんですね。ボスがいて「ははー」みたいな空間だと、そんなに頑張ってまでその場所を守ろうと思わないでしょ。

栗田　そこにいてもどうせボスに「ははー」だから（笑）。

ちろる　そう。それよりは「他のところに行きたい」ってなる。行政が追い出しに来たときに先手を取ってはりきったりするのはボスだったりして（笑）。

そら豆　それで役所がボスを買収するとかね。料亭に連れてったなんて話もある（笑）。

武田　それでボスは折れるんですか？

ちろる　ちょうどその時、東京都が、小屋で暮らしている人にはそれを撤去するという条件で家賃三〇〇〇円でアパートを貸すという事業をやっていたんですね。そこでボスたちは役所の特別の計らいで、条件のいいアパートを借りたという噂はあります。

そら豆　ヤクザ関係の人が追い出しに来たこともあるよ。

栗田　ヤクザとボスの癒着？（笑）

ちろる　ボスになりたがるタイプは「おれは〇〇組に知り合いがいるんだ」みたいな感じだったりする。野宿者に日雇いの仕事を回して、それによって支配したりする。みんなも仕事が欲しいからその人に従う。そいつはピンはねしてるから金持ってるんです。

生田　親分体質の人っているよね。集団を作って序列を与えたり。猿じゃないけど（笑）。

武田　そういうピラミッド型は抜け難くなりませんか？

生田　抜ける人は抜ける。いまのちろるさんの話はいいなと思うんだけど、釜ヶ崎でも最初は普通にアオカン（野宿）してる人が、だんだんボスのいる集団に入っていく。

栗田　集団を作るときに変な力学が働いて、結局、変えたい社会と似たものになる。

ちろる　そう。その縮小版みたいな感じがします。

栗田　それがすごい悔しいですね。

そら豆　あとは、当事者たちが自分たちで「いい」と思っても、全体的な議論のなかでそれがダメとされることもあるんだよね。それからさっきの女の人についての話だけど、当事者も女の人はしゃべりやすいってのがあるんじゃないかな、あまり支援にいないイメージがあるから。やっぱりみんな、どうしても話しやすい人を選んで話すよね。

生田　あと、一般の社会と似た点といえば、支援活動の現場では、女性の人はよく日雇い労働者や野宿者から「お母さんにされる」と言いますね。

栗田　はあ…、優しく話を聞いてあげるみたいな。それも私にとってはすごく違和感があるんです。そこで「お母さん」になっちゃうと、それは社会を変えることとは違ったものになってしまって、二者関係の中に閉じこもってしまう気がする。それもすごく息苦しい。「お母さん」というありかたも、私が「ボランティア」をやっていて感じた問題の一つですね。

生田　男は母親との関係をつき合う人と再現すると言われるよね。

そら豆　マザコンだね。

生田　野宿者問題の内部に女性問題があるとか、権力構造を再現してしまうというのはリアリティのある話なんだけど、それをただ確認するだけでは意味がないので、じゃあそれをどうする事ができるのかというのが現場で問われていると思うんです。根性とかやる気だけでは解決できない問題があるわけです。そういう権力構造を生み出すシステム自体を変えることが必要なんでしょう。

栗田　確かに私は「個」にこだわる反面、フリーターズフリーというシステムに乗ってるわけで…（不審な警告音）…これは部屋から「そろそろ出ていけ」ってこと？

大澤　いや粘りましょう。ここは野宿スピリットを発揮して（笑）。

一同　（爆笑）

大澤　重要な論点がいくつも出てきましたが、当然、この場だけで解決することはできません。ただ、ここで提出された事柄は野宿者問題に限らず、何らかの社会問題にコミットするときに誰もが直面する問題だと思うんです。自分たちが「正義」だと思ってやっているわけではないし、当然運動の内部にも矛盾や葛藤はある。それらを明らかにした上でなお、栗田さんが言っていたように、深刻な活動として出発しないことが必要だと思う。僕は前に生田さんの『〈野宿者襲撃〉論』のカバーが真っ黒なことに触れて、「まるで死んでいった野宿者たちの喪に服しているようだ」と述べたことがあります。にもかかわらず、野宿者問題について論じる今日の場が、笑いに満ちていたことも事実なんですね。

栗田　かなりディープな話になりましたね。私は「個」に拘る反面、フリーターズフリーというシステムに乗る事を選択したわけですが、それはどこか「関係」というものが私達、ないし私がもっとも奪われたものかもしれないという痛みがあったからです。ないしは既存の手垢にまみれた関係ではない関わりを作りたいという切実な願いもあります。その点でも陰鬱なこともありますが、どこか人間と関わることに対する明るさと面白さを忘れずにいたいのです。

5

新たな連帯へ

——法・暴力・直接行動

小野俊彦×大澤信亮×杉田俊介

2007年12月29日　スカイプにて

活動家とフリーター

大澤　今日は「フリーター／非正規雇用労働者ユニオンふくおか」（fuf）の小野俊彦さんに、フリーター運動と直接行動について伺おうと思います。ちなみに、この討議はインターネット電話の「スカイプ」を使っています。フリーターズフリーも組合員は関東と大阪に分かれているので、通常の会議はスカイプを使うんですね。スカイプは世界中の誰といくら話しても無料なわけで、横断的にコミュニケーションするための条件は昔に比べるとずっと良くなった。問題はそこで何ができるかです。そういうわけで、今日は、福岡、神奈川、埼玉という地理的に離れた場所から、地域を超えた協力のかたちを考えてみたい。それで、僕の方からfufの活動について紹介させてもらうと、まずメディアで話題になったものとして、二〇〇六年五月に「五月病祭」、一二月には「どぶろく祭」という街頭デモを決行しています。前者では雨宮処凛さんを呼んでいましたよね。youtubeにアップされた動画を見たら、後者には、二〇〇七年の東京都知事選にも立候補した政治活動家の外山恒一さんが参加されていた。

小野　ただ、雨宮さんは正式に招いたのですが、外山さんは一参加者として来ていたという感じですね。

大澤　そうでしたか（笑）。それ以外にも、監督や関係者が暴力団に殺された伝説の映画『山谷――やられたらやりかえせ』を福岡で上映したりと、その活動が俄かに注目を浴びている団体です。小野さん自身も、職場に団体交渉を申し込んだら、雇用期間切れということで雇い止めを通告され、逆に訴訟を起こされるという事態に直面している。フリーターズフリーの活動にはデモや団交は基本的にないので――あれば行くのですが自分たちで主催したりはしないので――今日は自分たちが何となくリジェクトしている問題について、活動家である小野さんにお話しを伺うことで改めて考えてみたいと思います。

小野　ちょっといいですか？　僕は自分のことを「活動家である」とは言いません。言われて嫌だというほどでもありませんが、活動家然としたものになりたいとは思いません。そもそも「活動家」とは何なのかと思うわけです。「運動」とか「活動」というのは非常に一般的な言葉であって、フリーターズフリーも「出版活動」なわけですしね。「活動家」という言葉は「運動」や「活動」の持つ意味合いをむしろ忘れさせる言葉だと思います。「この人は活動家であって、この人は活動家ではない」と分けてしまうこと…、どうしても現実としてそういう傾向が生まれる局面があるのは仕方ないとしても、「自分は活動家なんだ」というような自意識を持ってしまえば、その瞬間「運動」や「活動」の意味合いを見失うことになると思います。僕は自分が「活動家である」と自己紹介したことはないですね。

杉田　逆にいうと、従来の「活動家」には違和感がある、ということですか？

小野　労働組合にはいわゆる専従が置かれることもありますが僕はそうではないし、僕自身も働いて食っているフリーターです。ｆｕｆを含むいわゆる運動の場に強い関心を持って関与していて、実際に活動の組織化などを通じてある種のリーダーシップを取るような位置に自分がいることはあるけれども、活動していること自体が自分にとっての特別なアイデンティティだとは思いたくないですね。いわゆる既存の「活動家然」とした人に対する反発や違和感があるのかと言われたら、そういう意識が強いかどうかは自分でもよくわかりませんが…。

大澤　小野さんは自分自身をフリーターだと思っているとのことですが、それでお聞きしたいのですが、先ほどちょっと話した今の小野さんの状況について、話せる範囲でお話し願えますか？　そこに問題が集約的に表れている気がするので。

小野　講師として五年間働いてきた小さな予備校から雇い止めの通告を受けてしまったわけですが、その最初のきっかけは職場の上司であり会社の社長でもある人物の、僕に対するパワハラまがいの言動でした。ｆｕｆの活動は二〇〇六年半ばには本格的に始めていたんですが、二〇〇七年一月にｆｕｆが地元テレビ局の三〇分ほどの番組で取り上げられたことがあって、その後になって急にその上司がそれまでにはなかったような暴言をしばしば吐いたりするようになった…その因果関係を証明するのは難しいのですが。僕としても上司に嫌われるようなことをした覚えはまったくないんです。その番組放映以来、一年近くは職場に行くたびにその上司と同室にいるだけで、いつまた高圧的に暴言を吐かれるか分からないという緊張を強いられる状態が続いていたんですけど、ある時に非常に些細なことでまた高圧的に叱責され、もはやガマンがならなかったのでこれまで積み重なってきた問題を吐き出して、「労使関係を正常化するために労働組合を通じて話し合いたい」と申し出ました。するとその上司は「そのような考え（労働組合を通じて要求するなど）ならばあなたには来年度はもう仕事を頼まない」と応じてきた。紛れもない労働組合法違反（不当労働行為）です。

その後、組合と代理人弁護士との文書のやりとりが始まったわけですが、会社側は完全にパニック状態でした。まずはその上司が個人的に頭を下げて妥協案のようなものを持ってきたんですが、その謝罪も妥協案も非常にいい加減だったので拒否した。すると向こうはもう完全に弁護士に丸投げ状況になって、その代理人弁護士が僕を個人として提訴するという考えられない暴挙に出た。「裁判所から訴状が届いたら素人はビビるだろう」という程度の感覚でやったとしか思えない粗雑な訴状が裁判所から届いた。

僕たちはとにかく、団体交渉に応じることを求めてきたんですが、会社側の態度は硬化したままだったので、労働委員会に対するあっせん申請や救済申し立てなど、段階を経て打てる手を打っていきました。するとあっせんの結果、会社は一応団交には応じるということになって、第一回の団体交渉が一二月二〇日にありました。会社側は「団体交渉を強要した」というありえない理由で僕を訴えてきたわけですが、そんな提訴を取り下げないままで、どうやって誠実な団体交渉ができるんだ、ということを団交では最初に言いました。しかし会社側にもメンツがあるから、そう簡単には取り下げに同意しない。組合の総攻撃で自分たちの正当性が目の前で叩き潰されても、それに屈したくないというプライドだけが残っている。しかしその場で「取り下げろ」「取り下げない」と言いあってもしょうがないので、とりあえず検討しろ、ということにした。あとは僕の上司でもある社長の言動から雇い止めに至る経緯がいかに不当労働行為であるかということ、労働者として組合を作って「ものを言った」ことに対する嫌がらせでしかなかったということを逐一指摘していったんですが、会社側はとにかくボロボロで、まともな反論はできませんでした。

小さな同族会社で、二代目の兄弟が二人で会社を回していて、弟が社長なんですけど、その兄のほうは弟である社長の発言を隣で聞きながら、時には弟の無責任な言動を初めて知って呆れたような様子を見せてヘラヘラ笑ってるんです。僕などと団交会場の廊下で出くわすと「この度はご迷惑をおかけして…」などと言って異常に低姿勢で謝ったりもする…。ところが、会社の公的な決定には、何の責任も取ろうとしない。細かいこと言い出すときりがありませんが、今回のことは二代目のバカ息子社長の愚行としか言いようがないという印象です。二〇人くらい組合員が来て、向こうは取締役が二人と弁護士二人だったんですが、とりあえず第一回の団交では、組合としては言いたいことは言ったという感じですね。

大澤　最終的に雇用が継続されるかどうかはまだわからないんですか？

小野　まだわかりません。

労働法の意味と意義――法律を使うことと乗り越えること

大澤　基本的に労働法は実体法なので、その場で働いていることが明らかであれば、通常なら団体交渉する権利はある。けれども、小野さんは団体交渉を申し込んだから、威圧行為だということで訴訟を起こされたわけですよね？　それを聞いて思ったのですが、僕の知り合いで労働組合専従で働いている作家の浅尾大輔さんという人がいるのですが、彼に小野さんのケースを話してみたら、「その弁護士は流れを読んだのかもしれない」と言っていたんです。というのは、小野さんが訴えられたような理由、つまり、非正規雇用者に団体交渉をする権利はない、と言ってくるケースが出始めているんだと。そのロジックとしては「雇用していない、業務委託なんだ」と。その場合は労使関係が成立していないことになり、団体交渉をする権利自体がなくなる。

杉田　それは戦略的なものなのか、たんなる感情的な反発なのか…。

小野　いや、どっちもありますね。いずれにしても社長も弁護士も頭は悪いんですが、一つ大事だと思うのは、大澤さんが言ったように、弁護士や社長がやったことの背景には社会的な風潮というものがあるということだと思います。最近では「労使紛争を個別化」するとか、いろんな制度などを通じて団結権の意味が削り取られようとしています。いわゆる集団的な労使（資）関係の在り方が実態としてどんどん切り崩されている。会社や弁護士の言動の背景には、かれらが意識しているか否かに関わらず、そう社会的な風潮が厳としてあることを僕たちの側が認識しているべきだと思います。

大澤　そう。浅尾さんが危惧していたのは、彼が長年組合活動をしていて、そういう言い方って、今まで経営側はしてこなかったらしいんですよ。そういう言い方をついにしてくるようになったのか、って言っていました。

小野　牛丼の「すき家」なんかデタラメです。塾の講師などの場合はまだ、自分で言うのもおかしいんですが、個人事業主的な（いわゆる被使用者として雇われているという性格がはっきりしない）部分があるのもわかる気もするんです。「雇用」や「労働者性」というものはやはり「実態」に対する評価が大きな要素であるから絶対的な指標はない。僕はかつて書いたちょっとした文章で、「時給六〇〇円、七〇〇円台で働いている牛丼屋のアルバイトのことを「労働者じゃない」と言う経営者はさすがにいないだろうけれども、しかしいろんなかたちで雇用形態が多様化している中で「労働者性」が曖昧な領域が増えている。経営者はそれに便乗して使用者責任を逃れている」というようなことを書いたんですが、実際に「すき家」のアルバイトが会社から「個人事業主」だとみなされて残業代支払いを拒否されている。もうデタラメですよね。

杉田　業務委託契約だから雇用が守られる権利はない、っていうロジックは、法解釈としても本当は成り立たないんですよね？

小野　というよりも、「業務委託」などという名目の契約が雇用の実態を偽装していることが多すぎるのです。契約の名目にかかわらず、実態として雇用されていれば労働法は適用されます。一般的な感覚として、たとえば少し前にストライキを行ったプロ野球選手のことを「雇用されている普通の労働者」とはあまり見なさないでしょうけれども、プロ野球機構と選手との関係が非対等であることなどを根拠に労組（日本プロ野球選手会）は作られている。特に労働組合法というのは相当広範なケースで適用されうる。だから紛れもない「業務委託契約」を結んでいても団結権は認められます。使用・被使用の関係があること、労働に対する対価として賃金やそれに準じる報酬が支払われているなど最低限度の指標があるかぎり労働法は適用される。経団連の役員をしている会社の社長などが「団結権を行使」して労働組合に団交を要求するとか、そんな本末転倒なことでもないかぎり相当広範に労働者としての団結権は認められる…。

杉田　労働法には、そういう意味が含まれていると？

小野　そうですね。

大澤　ただ、そういう話が出てくると、財界は法律をそういう方向に動かそうとするらしいんですよね。だから、現行法ではありえないにしても、将来的に、フリーターは業務委託だというような法整備がなされる可能性はあるわけですね。それから、いまの時点では職場に自分一人だけでも、職場外の組合とつながることで、経営側と団体交渉ができるじゃないですか？　つまり横断性が法的に確保されている。それが従業員全体の五〇％を超えないと労働組合の成立は認めない、つまり、団体交渉の権利を持たせない――団交は組合が行うことが条件ですから――という話も出てきていますよね。すると、すき家なんてアルバイトが全国に一万人くらいいるらしいので、五千人くらいの組合を作らないと会社に対して何も言えなくなる。そういう状況が下手をすると進む可能性がある。そういう意味では、小野さんのケースは特殊ケースではなくて、むしろ萌芽的なものと言えるのかもしれない。今後のフリーター関係の労組は、そこから考え始めなければいけないような、そういう場面に期せずして直面しているのかもしれない。

小野　「プレカリアート」という言葉がありますが、いま雇用の不安定化を中心に「労働者性」そのものが揺らいで「不安定化」している中で、僕のケースはいわばプレカリアート的な労働運動にとって重要な意味を持つ一ケースだと自分でも思っているし、そういうキャンペーンを張っていきたいと思っています。

大澤　組合を作ったからパワハラが始まったというのも、因果関係を明確に言えないにしても、そういう傾向があるのは確かだと思うんです。たとえば、松元千枝さんというヘラルド朝日の非正規雇用の記者だった人がいま、朝日相手に訴訟を起こしているのですが、彼女の場合も労働組合を作ったとたん、職場が異常な空気になったらしいんです。ようするに、いじめみたいなことが起こって、結果的に、組合員たちは全員辞めさせられている。「弱者の権利を」みたいな論調を張ってる朝日自身がそういうことをやっている。それについて文句を言ったら「編集方針と労務方針は違う」と平然と言ってのけたそうですが。だから、そういうのってやっぱり、出てくるものなんだなと。

小野　団結権に対する嫌悪は一九世紀以来のブルジョワ・資本階級の本能です。実際にフランス革命の直後に「団結権禁止法」というのができます。これはイギリスでも確かそうですけど、団結権というのはまさに実態として、そして意識において同じ立場の労働者（農民も含む）の団結が未定形なままで新しい社会の萌芽を含んでいたと思うのです。それに対して、その可能性が最大化されて、いわば有産者にとって危険な段階に達する前にそれを安全な「権利」の体系の中に抑え込むことによって、いま僕たちが知っている「近代市民社会」というものは成立したはずです。団結権の中にはどこかにそういう、囲い込まれる手前にある危険なエネルギーが含まれていると思うし、それを抑えようとする資本の本能は近代市民社会があるかぎり絶対に消えないのだろうと思います。

杉田　個人と個人が自由な契約を結んでいるだけだから、そこには非対称的な労使関係そのものが存在しない。最近は国家がそのような形で問題をなかったことにし、擬似的に解消してしまう傾向がある、と以前小野さんはおっしゃっていましたね。その辺をもう少し聞いていいですか？

小野　まさに労働審判制度などがそうでしょうね。僕は法学的な知識などはほとんどありませんが、労働法のように契約の名目などよりも「実態」が優先される法が存在するというのは、法というものが何であるかと考えるときに、興味ぶかい事実だと思うんです。民法では、形式的な要件を満たした法的人格同士が自由に契約することで、社会に契約の網の目が名目・形式をともなって浸透する、ということが想定されているのではないかと思います。しかし、労働法においては、民法上の形式（契約）が、常にそれとは別次元の「実態」によって乗り超えられてゆく、という構造があると思います。

そもそも憲法自体が、民法的な次元で規制されている「現実」を乗り越える運動の力の源泉だと思うんです。だから例えば憲法九条などに関して「現実に危機がある」とか言いつつ憲法を変える口実にするというのは、かなり愚劣な憲法観だと思うんですよね。そういう種類の「現実主義」に基づく法の観念というのは常に社会に蔓延している気がするんですが、その「現実」というのが所詮は「有産者市民」…言い方はともかく、一部の人間にとって都合のよい「現実」に過ぎないということは忘れられがちです。労働法とその根拠である団結権は、いわばブルジョア階級が自らの「現実」に与えた民法という形式の網の目を、労働者階級から見た別の「現実」によって乗り越えるためにあって、団結権というのはそういう労資の「敵対性」を明らかに孕んでいる特別な法・権利ではないかと思います。しかしいまでは民法と労働法との間に本来あるはずの思想的な違いも、労働審判制度などを通じて制度的にますます消しさられようとしている。形式的に自由で平等な法的主体、つまり、権利の主体、財産所有、財産処分の主体みたいな観念だけが人間と社会を覆い尽くしていくような、そういう近代市民社会成立以来の資本の本能が、いわゆる福祉国家の後退・新自由主義などと表現される社会の変容の中で、改めてどんどんのさばるようになっている…。

杉田　団結権というのは、勤労者とそれ以外（資本家）が、唯一区別されている条項で、それ以外の法律は基本的に「法の下での平等な個人」というフィクションを前提にしている。憲法の中に労働者の団結権が書き込まれていること自体が、フランス革命の時に労働者の運動が勝ち取った成果なわけですよね。僕らがフリーターズフリーのスタンスとして、LLP（有限責任事業組合）という法律に定められた協同組合的な——厳密には協同組合ではないんですが——活動をやっていく、そのことで社会的な信用や発言力を得ていく道を選んだときに、小野さんはむしろ「法を書きかえる」力のほうが大事なんじゃないか、と言っていましたね。現在の労働運動は、弁護士や司法書士などの法律家とのネットワークを強化している。だから、デモで若者がお祭り的に騒いでいるだけ、という世間的なイメージとはずいぶん違う。小野さんの法的なものへのスタンスはいかがですか。法律の遵守を行政に求め、また自分たちをエンパワメントしていく方向と、むしろ法律に捉われず、時には逆らっていく面があり、それらが入り組んでいるように見えるわけですが。

小野　法を武器として使っていくということと、既存の法を自分たちの力で乗り越えていくという発想の違いは労働基準法と労働組合法（団結権）が分かりやすい例だと思います。労働基準法というのは実際に権力を持っている経営者が守らなければならない最低限の基準で、経営者に対しては「法律を守れ」ということを強く言っていかなければならないし、それはまさに法という武器を使う闘いであって、たとえば「もやい」がやっているように、生活保護制度を法に則ったかたちで運用しろという要求は、国家なり資本家なり経営者なりの力を持った人間に向けられるのであって、そういう存在を縛り付けるための法がある。他方で団結権に基づく労働組合法というのは、自分たちの存在は国家とか法によって規定されるだけではないという思想、自分たちが主体的に声を上げることで法を書きこんでいくのだという思想が含まれていると思います。法というものが持っている意味合いが労基法と労組法では違うというのが一番わかりやすい例だと思うわけです。

だから僕らは労働運動をやる上では当然、労働基準法を武器にして経営者に対しては圧力をかけていきますが、一方で労働組合法によって自分たちの活動を法の枠にはめるというよりも既存の法を主体的に常に乗り越えていく運動をやる。最も定義が緩やかで、最も歴史的である団結権を主体的に行使するということは、それを「上から与えられる権利」にしてしまわないということです。それは「権利の上に眠るものは…」云々というクリシェとは微妙に違う、もっと社会に亀裂を入れる思想的・歴史的な矛盾の中を生きることに関わるようなダイナミズムがあるように思います。

デモアレルギー

大澤　いまのお話は、経営者との関係において法をどう使うかということですが、それでは小野さんは、デモというものについてどう考えているんですか？

小野　デモというのは自分たちの力の表現です。一つは路上というものの意味について考えたい。それはたとえば『フリーターズフリー』創刊号で生田さんが強調して書いているような「会社―学校―家庭」という三位一体と、それに付け加えれば消費空間みたいなものによって僕たちの在りようが支配されてしまっているときに、そのどれでもない「公共空間」を実現するということは、それ自体が政治的な行為になる。もちろん「公共空間」と言っても市役所のロビーとか、そういう意味での公共空間ではなくて、もっとむき出しの「路上」で発言していくことが一番大きなことだと思う。制度の中で闘い、せめぎ合うということと、制度から外れたところで声を上げるということがあり、僕はどちらかだけがあるべき有効な政治だとは考えない。「路上」なるものがこの社会でむき出しに実現されうる、というのはもしかしたらナイーブな幻想かもしれないと思う時もあるけれども、僕は愚直に「路上」を追求したい。

大澤　小野さんが最初にデモに参加したのは、イラク戦争ときの反戦デモだったわけですよね。そのときにどう感じたか…。つまり、一般的にね、デモってなんか嫌だなという感じがあると思うんです。自分たちの生活パターンの中にないじゃないですか。

小野　ないですね。

大澤　だからアレルギーみたいなのがあると思うんですよ。そのアレルギーについて、たしか「五月病祭」についてだったかな、小野さんがホームページかどこかで、貧困で苦しんでいる人がいると声を上げることに対して、それが「うるさい」とか「それより静かに楽しく過ごさせてくれ」みたいな社会に対してはアピールしていかなければいけない、ということを書いてたじゃないですか？　それから「どぶろく祭」でも、新聞記者から「デモの要求は格差是正ですか？」みたいなことを聞かれて、そんなことじゃないんだと。そこが小野さんのとてもおもしろいところだと思うんです。いわゆる行儀が良い感じじゃないですよね。その辺の感覚も聞いてみたいなと思ってたんですよ。

小野　僕にも最初はデモなどに対するアレルギーはありました。ただ、イラクの反戦運動がバーっと盛り上がってきたときに、余りうまく思い出せないんですけど、意識的にデモに行って「戦争に反対しないといけない」ということでもなくて、もっと衝動的としか言いようのない感じでデモに参加したんです。歩いても行けるような近くの公園に何百人もが集まって声を上げているという状況がある一方で、大学の中で大学院生としていくらでも「リベラル」な言辞をもて遊ぶようなことができる環境にいた自分が、ふと外から見えたというか…。口先で偉そうに戦争を批判することはいくらでもできるじゃないか…と。なんとなくそういうことを強く感じてデモに向かって足が動きました。

でも、僕はいつも途中でデモを抜けてたんです。集会、デモ、ゴール地点でのアピールのような定番コースがありますけど、そういう一連の行動に僕はまともには参加しなくて、なんとなくで参加して、嫌になったら抜ければいいんだ」と思っていて。自分の主体性が行動の現場で起きていることに身体ごと引きずられている反面、あくまで「自分」というものを守るように、「途中で抜けてもいいんだ」とずっと自分に言い聞かせていました。いわば「アレルギー反応」が耐えられないところまでいったら僕は自分でデモなどを抜け出ていたんです。いまでは僕は主催者側にもなっていて、なかなか途中で抜けたりはできませんし、しようとも思いませんけど、かつて必死で守ろうとしていた「自分の感覚」のようなつまらないもの（そこには大事なものもあるかもしれませんが…）が、別の主体性によって路上で徐々に吹っ切られていくような変化があって、それは僕には重要な過程でした。

さっき言ったような、学校・会社・家庭という制度、そして消費空間の中で規定され養われている「自分」というものがありますよね。つまり、「学生として」生きる、「会社人として」生きる、あるいは「消費者」として行動する。その制度や空間の中で闘う、抵抗するということもあるだろうけど、そういった制度の外で、そこに縛られていない主体性の在り方というのがつねに、制度の中の闘いにもエネルギーを送るんじゃないでしょうか。デモで叫んだりすることにアレルギーを持っていたかつての「自分」は決定的に変っていますが、それを僕は単に「場慣れした」ということだとは思わない。自分が感じていたアレルギーは何だったのかと思います。僕はブログなどで口悪くいろんなことを書いてきたんですけど、それは昔の自分に向かって書いていることが多くて、結局「自分」を守りたいだけの精神の在り方を徹底的に潰したいという感覚をブログなどの駄文に吐き出してきた。僕たちは小さな自分の感覚に合うものを選び、消費できる時代に生きていますが、デモなんて決して「選ぶ対象」ではない。みんながそれぞれのかたちで戦争に反対する思いを抱えつつ、それはいっしょくたに塗り込められるものではないけれど、とりあえず最小限度の絆によって人が群をなして歩くという出来事の中に、自分の主体性を投げ出すような経験というのは、「戦争反対」という帯のある本やCDを選んで買うとか、そういう行為とは違う。僕がブログとかで毒づくのはだいたいそういう、坂本龍一とかミスチルの音楽を聴けばそれが反戦なのか、と言いたくなるような類のものに対してですね。そういう「自分」を守っていられる範囲での行動ではないところに自分が参加できたのはラッキーだし、そこが大きなことだと思ってるんですよ、デモについては。

大澤　たとえば、運動アレルギーというのがどこから来ているかというと、これは杉田さんから話が出るかもしれないけど、運動を展開していった果てにね、七〇年代の連合赤軍事件とか、よど号ハイジャック事件とか、大菩薩峠事件みたいな、あのあたりの左翼の迷走があったわけじゃないですか？　もちろん、我々みんなが意識しているわけじゃないと思うんです。連合赤軍があったから大人しくなっているわけじゃないんですけど、何となく言説の作り方として、運動は必ず暴力につながっていくから、そういうのはもうコリゴリだというところでメディアとか共通感覚ができている気がする。それをカッコに入れたところからサブカルチャーが全面化したという大塚英志さんの議論も、おそらく根拠のない話ではない。そういう環境の中で我々は生きてきているじゃないですか。小野さん、杉田さん、僕は年齢的にも同じくらい、七〇年代後半生まれですよね。

小野　これは平井玄さんが『ミッキーマウスのプロレタリア宣言』（太田出版、二〇〇五年）などで書いているけど、「連合赤軍以後」というある時代のとらえかたができると思うんです。いまでは「テロとの戦い」というかたちで「社会的抵抗勢力のテロリスト化」というべき事態がアメリカ主導で強烈に進行しているわけですが、七〇年代の日本でテレビを手段として行われた同様の過程が、いま別のかたちで起きていると思う。当時デモをふくめさまざまな社会運動が、社会の中にしっかりした位置を持っていたとして、なぜあのような「陰惨な結末」に至ったのか。平井さんの書いていることを読むと、連合赤軍事件には、テレビの報道が抵抗勢力をテロリスト化した最後の一打撃という側面はあったのだろうと思うんです。いま起きていることとさほど変わらない。つまり社会的な抵抗を常に暴力やテロによって象徴させようとする政治的な力が働くという事態ですね。七〇年代以降の「アレルギー」がそういう政治によって作り出されているとしたら、それを僕たちが無批判に追認してはいけないと思うんですよね。

杉田　平井さんは、あれは逮捕のタイミングすらむしろ狙っていたんじゃないか、と言っている。タイミングさえズレていたら、連合赤軍は人々の間で忠臣蔵的に英雄視された可能性さえある、と。

運動の敵対性と暴力性

杉田　絓《すが》秀実さんの『1968年』（ちくま新書、二〇〇六年）を読み返してみたら、おもしろかった。実際に学生運動をやってきた人にとって、六八年前後はトラウマティックでもある。運動の歴史としては、革命を目指した政治的季節があって、連合赤軍事件があって、中核派や革マル派をふくむ内ゲバがあって、東アジア反日武装戦線なんかが出てくる。元自衛官の小西誠さんらの『検証内ゲバ――日本社会運動史の負の教訓』（社会批評社、二〇〇一年）によると、表面に現れたデータだけでも、内ゲバで一一三人が死んでるらしい。絓さんは、数字に表れないけど死んでいるやつ、廃人になったやつはもっといただろうと。実際、中核派は内ゲバを革命運動の一環として正当化し、むしろそれが革命の本質ですらあると言っていた。

この場合、絓秀実が強調するのは、一九七〇年七月七日に華僑青年闘争委員会が行ったいわゆる「華青闘告発」です。当時の入国管理法の改正にともなって、新左翼の人たちはインターナショナリズムを唱えたんだけど、彼らの中に無自覚に巣食っていた在日中国人に対する民族的差別性が批判された。これは後にリブに流れる女性たちが、新左翼的な「正義」にはらまれるマッチョな暴力を内的に告発したのと似ています。どうやら、中核派の人々は、在日中国人からの根底的批判をわりあい真摯に、というかまっすぐ受け止めた面もあるらしいのです。逆に「おまえらの運動は単なる遊びにすぎない」というオブセッションを他者からの疑惑に突き刺されて、自分たちの本気さを証明しなきゃいけない、という形で埋め込まれた。そこから自分たちの内側に過剰な暴力が折り返されていく、と。

おもしろいのは、内面化や共闘の可能な他者（「第三世界」や「弱者」）ではなくて、内面化も共闘の主張も許さない他者の批判＝正しさが、むしろ彼らの心臓に突き刺さって内的倫理（超自我）を過剰にドライブさせていったことです。でも彼らは、それをもう一度社会へ向けて折り返せなかった。僕は絓さんの実体験はよく知らないけど、大澤さんから前に聞いた話では…。

大澤　なんか足に釘を打たれたとか。本人から聞いたわけじゃないけど。

杉田　少なくともリンチ的経験は経ているのかもしれない。絓さんは、彼らが陥ったねじれた暴力を、ある種のシニシズムのリミットと言っている。一九八〇年代に爛熟する消費社会のそれよりも、はるかに根の深いシニシズムだと。現在ラインが引かれているのは、ものすごく単純化すれば、「リベラルVSネオリベ」という政治的経済的対立の図式ですよね。市場原理を徹底し社会の生産性を押し上げようとする陣営と、それでは貧困や格差が広がるから、社民的に再分配を強化する陣営と。けれどもこの対立自体が、六八年前後の暴力性から頭一つ低くなった水準で行われているんじゃないか。

前に生田さんが話していたのですが、釜ヶ崎の野宿者運動の歴史の中でも、女性への性的暴力や沖縄差別が深刻な問題となった時期があり、それは今でも現場の支援者にはどこかトラウマとして残っているらしい。生田さんの『ルポ最底辺』でも、その辺りの問題はわずかにふれられているだけです。メディアが戦略的に「運動をやってるやつは怖い、連合赤軍を思い出せ」というイメージを流布している面も確かにあるんだろうけど、運動に内在する内的理由もあると思うんです。これに対抗するために、絓さんは、暴力の転移や「自己否定」のミックスアップを食い止めるために、「享楽」というか、なるべくその場その場でポジティブに楽しめるような…。

大澤　暴力が集中化しそうになったときに、なるべくそれを散らす。つまり、シリアスにならないようにする、「モーニング娘。」の曲でデモをやったり。

杉田　うん。最初僕は、絓さんのスタンスがよくわからないところがあったんですよね。なんか悪い意味でいいかげんに見えた。なんでもかんでも運動を楽しめばいいだろうか。違うだろう。でもたぶんそれは、「共通の目的や理想を本気で目指した人間が、それゆえに互いにとって暴力的になっていく」という経験を、その時点では僕が経ていなかったからかもしれない。空間の内側に内向し累積していくそういう暴力性というのは、平和主義や無抵抗主義によって否定することは難しいのかもしれない。僕らの中にも暴力の原形質は必ずあって、たとえば僕がいま働いているNPO法人やフリーターズフリーでも例外ではない。どちらも一応、協同組合的なものに近いんですけど、資本家と労働者の敵対性がかなり薄いんですよ。でも暴力がなくなるわけじゃない。むしろ、敵対性が組合員の中に偏在化して水平化していくのです。

さっきの小野さんの話でおもしろいと思ったのは、曖昧な関係や疲弊のなかでぐだぐだに誰かが排除されていく環境を断ち切るために、むしろ敵対性を顕在化させていくところです。団体交渉もそうですよね。今のところ自分の活動では、そういう面は弱い。他方で、たぶんさっきの大澤さんの問いは、そういう敵対性の顕在化を目指す運動が、下手をすればテロとか暴力的なものの方に傾斜していく危うさがあって、それをどう考えるのかと。

小野　いま具体的に頭を整理できませんが…、デモなどの際に議論になることで言えば、まず言葉のレベルですが、たとえばシュプレヒコールをどうするかという時に、「暴力」をめぐる議論がしばしば起きることがあります。例えばある組合員が「パワハラ上司をボコボコにしろ」というようなシュプレヒコールを考えたのに対して、他の組合員がそういう風に暴力を声高に主張することに違和感を表明する。そういう議論はつねにあります。僕はといえば、いつもこういうことを考えるんですが、ブッシュとか福田のような政治家とか、ああいう位置にいる人間は言葉の上では絶対に暴力的なことは言わずに、むしろ「平和」とかいう言葉を使いながら平然と戦争を推し進める。それに対して、戦闘機を飛ばして爆撃するというような力からまったく遠い僕らのような人間が、言葉でどれだけの怒りを強く言えるのか…ということです。少なくとも「あいつら」と同じような言葉を使いたくはないということはある。それから簡単に消費されてしまうような、耳あたりがいいだけの言葉を僕はあまり選びたくはない。

大澤　どぶろく祭でも「暴動を起こす」って言ってましたよね。

小野　あれはアドリブで言っちゃったんですよね（笑）。議論の段階ではどちからといえばああいう方向の言葉は抑えようという方針だったんですが、そういう言葉も僕の中ではつい出てしまう部分があって…。先ほどからの暴力の話に関して具体的に直面するのは、実際に人を殺すというのとは違うかもしれないけど、そういう言葉のレベルで議論になったりはしますけどね。暴力というのは何かと難しい問題だとは思います。

杉田　社会学者の北田暁大さんが『嗤う日本の「ナショナリズム」』（NHKブックス、二〇〇五年）で書いているんですが、六〇年代的な新左翼の運動が、「自己否定」を繰り返してやがて身内の総括（処刑）に至る、という袋小路に入った時、その後に三つの道が選ばれた。

一つは、内ゲバやテロをむしろ徹底していく道。中核派や反日武装戦線の道です。二つ目は、糸井重里に象徴される消費主義の道。自己否定や反省ばかりでは絶対に暴力のリンクを断ち切れないから、あえて方法的に反省しない。そういうスタンスをアイロニーとして選んでいく。消費社会の中で、いっけんどうでもいいことや小さな差異を「あえて」楽しんでいこう、と。大塚英志さんは、一九八〇年代のフェミニズムの市民化は女性の消費の自由や快楽と切り離せないと書いている（これはずいぶん批判されましたが）。さらに北田さんは、これは彼の本の中では十分に議論しきれていないけど、三つ目の可能性も記している。それがウーマンリブの田中美津なんですね。リブは六〇年代後半の新左翼運動の鬼子と言われますが、根本的に男性新左翼的な暴力にどう対抗するか、という動機があった。もちろんそれは当時の日本脳性マヒ者協会「青い芝の会」などの障害者解放運動とも関わる。リブでは、左翼的な自己否定→総括という暴力を批判しつつ、激しい論争や自己吟味を残していくわけですよ。それを避けていない。でも、現在のぼくらの周りには、いや自分の中にも、自己否定とか論争はめんどくさいし、怖いからやめておこう、っていう空気がありませんか。とにかく国家や企業は徹底して批判する。権利主張もする。でも、それを仲間内に、自分に折り返すのはとりあえずやめておく。割とそういう空気がある気がするんです。でも、それは一時的にフタをしているだけで、溜まっていけばいずれどこかで炸裂するかもしれない。

日本では伝統的に企業別組合があって、ヨーロッパのような産業別・職能組合とは違う。福田和也さんが言っているんだけど、イタリアやスペインでは職能組合がファシズムの温床になってきたという歴史がある。たとえばグラムシの活動にも限界があったんじゃないかと。ぼくはいまケア労働者だから、労働組合をやるなら典型的な職能組合系かもしれない。ぼくが今のところ、労働組合やデモにあまりコミットしていないのは、単純に、末端のケア労働の特殊性とも関わると思う。というのは、もちろん大規模法人や悪質なケースは別ですが、ある程度まっとうにやっているNPO・ワーカーズコレクティヴ系の小規模団体だと、労使間で争ってもあんまり意味がないんですね。まず自分らにどれだけの予算があるかも分かっている。配分しようにも配分できない。代表の方が給料少ないって、みんな知っているから（笑）。まあこの辺、大きな民間企業や社会福祉法人だと、まったく事情が違うんですが。

ただ、最近は、介助者やケア労働の当事者と、障害者運動を積み重ねてきた当事者たちが、何らかの関係で連携しながら、敵対性をはらみつつ、お互いの自立生活を考えていこう、という流れが、ほんの少しだけど出てきています。ただその時、さっきの職能組合がファシズムを準備したという話じゃないけど、国が介護系の事業所にお金をばらまいたら、何か一気にそっちに持っていかれるんじゃないかと。すでに介護労働者と外国人労働者の間の敵対性も生じていますし。

フリーターデモのポテンシャル

大澤　敵対性の話で言えば、どうして世間的に労働組合が嫌われるのかという話もしておいた方がいいと思うんですよ。日本には大きな労働組合として、六七〇万人の日本労働組合総連合会（連合）、九〇万人の全国労働組合総連合（全労連）、一六万人の全国労働組合協議会（全労協）の三つがあり、その支持政党は順に民主党、共産党＋社民党、社民党とされている。社会的に見た労働組合のイメージはこれらなわけですね。それでよく批判されるのが、こういう大手の組合は御用組合と化していると。たとえば、組合で活動しているトップが、結局企業の経営側に回っていく、ということが常態化している。それから一党支持ですね。組合に入ると、その組合が支持する政党を支持しなさい、みたいな感じになる。

杉田さんも言っているけど、これら従来の組合は「企業別組合」で、日本の特殊性なんですね。それに加えて年功序列と終身雇用を前提にしている。だから、派遣労働やフリーターという新しい現実に、従来の組合は対応できない。相談に行ってもまったく対応できないらしいです。赤木智弘さんが危惧していましたが、そこでは正社員の待遇を良くするために派遣やフリーターが利用される、ということもあり得る。そんな中で、小野さんたちのｆｕｆもそうですが、首都圏青年ユニオンやフリーター全般労働組合、ガテン系連帯や女性ユニオン東京などのいわゆる「横断系組合」、新しいタイプの組合が注目されてきていると思うんです。ＮＰＯの「ＰＯＳＳＥ」もアルバイトの人の相談に乗っているらしいですね。ある企業で働いているからその企業の組合に入る、というのとは違う、個人が入る組合ですね。そういう組合が俄にフォーカスされてきていると思うんだけど、そこにはまた杉田さんが言っていたような別の問題、つまり集約性の問題があると思います。たとえば、日本でファシズムが生じなかったという議論が出てくる背景には、職能組合が機能していなかったから——局所的な産業組合はあったけどね——という理由があると思う。ようするにまとまれないわけですね。

これに対して、現在の新しい組合の状況って、まったく無関係な人たちが繋がるわけじゃないですか。職場どころか職種を共有しているわけではないよね。日雇派遣といわゆるアルバイトは違うし、しかも、今は「プレカリアート」という言い方で、労働者ですらない人も入っているわけです。ひきこもりから障害者から、あらゆる「不安定」な状況にいる人が運動の中に入って来ている。そういう文脈の中で、暴力の問題がもう一度出てくるのか、それとも散らされるのか。

杉田　ポテンシャルは確かにあるんだよね。たとえばデモなんかに行っても、一枚岩の労働者じゃなくって、車椅子に乗った障害者もいれば、メイドのコスプレした女の子や女装した男の子がいたりね。かなり面白いというか、百鬼夜行みたいなね。あのぐちゃぐちゃなカオス状態から、何かが出てくるかもしれない、という潜在性は感じる。ただ、変な一体感みたいなものもあって…。

大澤　そうだね。一見すると、フリーターのデモっていうのは、生活がばらばらであるがゆえに一体化しないというか、欲望を散らせていると言えば散らせている気もするんですよ。つまり他者性を消して暴力をひたすら集めていく、という構造にはなりにくいんだけど、同時に、そういう人たちをまとめ上げる時の、極端な一体感みたいなものが出てくるのかもしれないとも思うんですね。

杉田　一言だけ言っておくと、エネルギーがあるといった場合に、とりあえずああいう現場には来るんだけど、デモの前の集会とかでそれぞれの団体が自己アピールする時とかの、ああいう一体的な空気が苦手で、っていう人も結構いる気がするんですね。浅草の野宿者の「仲間」のおっちゃん達も来るんだけど、あの空気に耐えられないで会場から出ていっちゃったりしているから、そういう身体性みたいなものも作用しているんだよね。

小野　僕らのデモのことで言えば、たとえばシュプレヒコールの内容などはあらかじめ皆で議論して決めておいて、デモの場でそれを全体で唱和するのとは別に、小さな拡声器を参加者に回してそれぞれ好きなことをがなりたててもらおうという試みをやった。もちろん検閲なしで（笑）。そういう風に事前に想定して部分的には「統制」しようなどとしていても、いざふたを開けてみると統制も全体もなくゴチャゴチャです。みんなが好きなことをばらばらに叫んでいる。僕たちのデモを外から見ても、一体感というのはまったくないと思いますね。もちろん何やら集団が群れて固まってはいますけれども、「隊列」とかいうレベルでは全然ない。これは福岡のデモの参加者数とか、警察の警備が東京などに比べるとゆるいことなども影響していると思います（それはしかし、私たちが福岡で運動をやる中で、警察の弾圧的な動きがあればそれに対しては抗議の申し入れなどを行いながら、一定の力関係を構築した結果でもある――小野後記）。

大澤　東京だと、警察にぎっちりと囲まれて、途中でデモから出ようとすると押し戻されたりしますよね。すごい険しい顔で怒鳴られたりして（笑）。

小野　福岡だとそういうことはないですね。途中で出たり入ったりしてもほとんど問題ない。

杉田　そっちの方が本当のデモなんじゃないですか。

小野　そうですね。「本当のデモ」というものは追求し続けたい。だから僕は、具体的にアイデアとして出すのは難しいけれども、路上の取り戻し方はいろいろあるはずだということは常に考えたい。ちょっとしたことですが、たとえば「どぶろく祭」ではいわゆるサウンドデモという形からとりあえず脱却してみようという議論をしました。今回のデモでは曲はかけなかったんですね。ドラムのリズムだけはスピーカーから鳴らしましたが。東京から伝わってきたサウンドデモを真似するだけでもつまらないですし。そういう工夫はしたいと思っています。いずれにしても主催者が全体を統括するようなデモでは面白くないですよね。

大澤　ごちゃごちゃしていて、皆がわけのわからないことを言っているような感じがいいし、そこを推し進めていきたいという感じですか？

小野　今回の自分たちのデモの様子をデジカメで撮影したものを観てみると、自分たちの混乱ぶりが我ながら面白かったですね。思惑通りイメージ通りにやれちゃったらつまんないと思うんですよね。本当にそれぞれいろいろな人がそれぞれに参加した結果、それがある「力」として表現されたと言えることこそ大事なのではないかと思います。

地域における運動の水脈

小野　先ほどから話に出ている個人加入のユニオンのことですが、これは一九七〇年代前後の学生運動以降の流れと重なってきますよね。七〇年代初頭に、それまでのナショナルセンターからは外れたかたちで、地域にそれぞれの労働組合が出てきた。僕らがｆｕｆを作る時にも七〇年代に結成された福岡地区合同労働組合などにも相談はしました。彼らの近いところには東アジア反日武装戦線の死刑囚を支援する運動などもあります。共産党を中央の磁場として持つ運動からも、それに対するいわゆる新左翼党派などからも外れた運動の水脈は、七〇年代以降も連綿として各地域に流れている。僕が最初に運動に関わったきっかけはイラクの反戦運動だったわけですが、反戦運動の中でそういう人たちの存在を知ることができたのは貴重なことでした。東京やその他の地域の事情はよくわかりませんが、そういう地域の地味な水脈とか人の繋がりは、どの運動のベースにもあるのではないでしょうか。若い人が、学生運動も含めて何の運動の背景も人脈もないままに運動をはじめるというのも、なかなか厳しいはずですし。

大澤　ぐちゃぐちゃなところが大切だっていうところはよくわかったんです。でも、それがどこかの局面で、回収されていく動きが始まるのではないか。共産党が若い人の動きを見て組織票を集めていくこともあるでしょうし、逆に、運動体として、「ある程度お互いに意志疎通しないと自分たちの基本的な権利要求を社会に打ち込めないんじゃないか」みたいなね。外側の動きもあるし、内側の動機もある。その辺はどうですか？

小野　労働運動が福祉国家に取り込まれるというのは昔からあったはずです。ある抵抗的な社会集団が、福祉国家の政策のターゲットとして改めて規定されながら体制に取り込まれていく。その福祉国家の傾向はファシズムにも繋がる問題でしょう。そのことには敏感であらねばならない。ただ、福祉国家自体が歴史的にはすでに死亡宣告を受けた体制なので、横の連帯を通じて集団の要求を社会に打ち込むということでかつて福祉国家の中で直面した緊張関係よりも、バラバラな個人がバラバラなまま政策のターゲットにされて体制に取り込まれるという事態に焦点を移すべきなのかもしれません。

杉田　一九七〇年代以後の運動の中に内的暴力のトラウマが刻まれていたとしても、深いところに色々な水脈があってそれが現在までのびているんでしょうね。マジョリティの歴史の表面には浮かび上がってこないとしても。たとえば仕事の関係もあって、「青い芝の会」から自立生活運動へ至る重度の身体障害者の運動は、現在の労働問題を考える上で、つねに僕の参照枠になっています。七〇年代的なものには強力な論争性や自己否定の精神がありますが、彼らは同時に、典型的な直接行動を徹底してやった。外なる貧困と戦うことと内なる貧困を自己検証することが、矛盾していない。それらが複雑に絡み合って運動が螺旋状に進められた。自分達の暴力性を内側から批評することは、本来は、直接行動とも矛盾していないはずなんです。「青い芝」を特権化するのはおかしいけど、そういうマイナーな水脈は、本当はいろいろあるんじゃないでしょうか。

たとえば最近、京都に「かりん燈」というケア労働者の当事者団体がある。介護労働者の所得保障や生存権を求めています。全国的なアンケート調査も行っている。東京にもまだ準備会だけど、世田谷介助者ユニオンがある。障害者運動からみれば、介助（介護）者は、あくまで、障害者の背後にいるべき存在です。介助者手足論と言う考え方がある。介助者は障害者の単なる手足にとどまるべきで、本人の決定に容喙《ようかい》したり、介入的に自己主張してはいけないと。医療や福祉が一方的に障害者を支配し収奪してきた本当に長い歴史がありますからね。介入される側に強い警戒感は当然ある。だから、ケア労働者は自分たちの当事者性を獲得してこなかった。介護「労働者」とすら言わず、介護「従事者」と自己規定するのが当然の慣行だったり。最近は新聞やテレビでも、官製ワーキングプアとか、ケア労働者の貧困化が注目され始めてようやくぽつぽつ、介護労働者の当事者運動の種が出てきた。

ただ、障害者と健全者（介助者）の間の敵対性は、やっぱり消去できないものとして残る。しかしそれを前提に、お互いの自立や生存について議論していくことはできる。そうしないと、歴史的にいろいろとあった障害者運動も、次のステージにのびていかないんじゃないか。新田勲さん達の全国介助保障制度要求者組合などの例外もありますが、ようやく、相互的な議論が可能な地盤ができつつあるのかもしれない。ただ、障害当事者としては、それは不安なわけです。世田谷介助者ユニオンのシンポジウムの場でも、当事者から、疑問が早くも提出された。自分たちの生活にパターナルに介入されるんじゃないかと。先ほどヨーロッパで、産業別組合が変な方向へ行ってしまったという話が出ましたが、ケア労働者は典型的な産業別ですよね。

ところで他方に、こういうデモや権利要求をぽつぽつやっていてもムダだから、天皇制や亜細亜主義を方法的に持ち出そう、という議論もあるわけですね。

運動の行き詰まり？

大澤　小熊英二が二〇〇七年一一月号の『論座』に掲載された「戦後日本の社会運動――歴史と現在プレカリアート運動はどう位置づけられるか」で、残業代を出させたとか解雇を撤回させたというのは「永遠のモグラたたき」で、「そんな「モグラたたき」をいつまでやっていてもきりがない」と書いている(ただし、小熊は一方で、当面は「局地的な勝利をめざして地道にやっていくしかない」とも書いている。だが、その言葉に具体的な質がないため、「新しい運動」に対する社交辞令のように読める——大澤後記)。

杉田 うん。『暴力論』のジョルジュ・ソレルが、議会制を批判して直接行動を選び、さらにそれを労働者のゼネラルストライキに結合して行こうとする時に、ばらばらのままではダメで、そこには神話的なものが注入されていないとダメなんだと。確かにそれはその後ムッソリーニ的なものの苗床の一つになるけど、当時の文脈だとゼネストはむしろテロリズムのような暴力への対抗暴力の意味もあったんだよね。ただ、人間が生きる以上暴力性の発動は不可避だから、それをどうやって社会改革の方向へ流し込んでいくか。これを単純に批判はできないと思う。

こういう議論をいまの日本の文脈で考えるとどうなんだろう。雨宮処凛さんは朝日新聞にも労働運動の「マリア」と呼ばれているから、何となく女神的な存在なのかもしれない。ただ、雨宮さんも福島みずほと対談しつつ社民党には入らないって言っていたし、労働運動は、全体としてみると、盛り上がっていると言っても、まだまだ全国的に十分に求心的に機能しているわけではない。それにメディアも格差・貧困問題にすでに飽き始めている。すると、個別で陣地戦を続けていって、連帯やネットワークを拡げていっても、どこかで限界に行き当たって、思ったより労働運動が広がらないぞっていう話になった時に、格差・貧困を本当に解決するには政治的あるいは神話的な水準がどこかで必要だ、という切迫感が次第に強くなってくるんじゃないか。北一輝の天皇機関説じゃないけど。ただ、必ずしも悪いっていうわけじゃなくて。小林よしのりが『戦争論』(幻冬舎、一九九八年)を描いて数百万部を売った。『戦争論2』(幻冬舎、二〇〇一年)の後書きで、いろいろ左翼が自分を批判したけど、『戦争論』ほど若者に影響力を持った本は他にない、左翼側は誰もそういう表現を創れていないじゃないかと。大西巨人の『神聖喜劇』のマンガ化とかしかないわけですよ（幻冬舎より刊行）。この辺もわりと切実になってくるんじゃないのか。天皇制の吸引力を批判するのは簡単だけど、じゃあそれに変わる何かがあるかっていうと、自分にはうまくイメージできていない。

大澤　大正時代のアナーキストたちも後にみんな天皇主義者になっていくわけだから。

杉田　宮台真司なんかが、ネオリベ的なものに抵抗するための、方法的な亜細亜主義を出してくる。今後、天皇制的なものが末端の労働者にとって妙に魅惑的に輝いて見えてくるとしたら、どんな形になるかはわからないけど、今後もいろいろ労働＝生存運動で、法的にもネットワーク的にも手が打たれて、ぼくもケア労働運動の文脈で何事かを地道にやっていくと思うんだけど、それらが陣地戦的に行われても、いつか限界を感じる時が来る。その時にそういう神話的なものがするっと入って来る気がして。その辺どうなんでしょう。批評家の柄谷行人や絓秀実も、七〇年代的なマイノリティ運動ではダメだ、限界がある、というわけですよね。世界革命的な超越論性が不可欠だと。柄谷さんはＮＡＭ（New Associationist Movement）を目指したし、山城むつみもプロレタリアート独裁を言う。絓さんは一九七〇年以降のフェミニズムをふくむマイノリティ運動を批判する時に、六八年革命の世界性を言う。

大澤　従来は何だかんだ批判されても共産党系、つまり、ソ連型の左翼が機軸としてあった。その機能が八九年のソ連崩壊で失調して、九〇年代半ばくらいから右側の言説が出てきて、今はさらにそれに対するカウンターが出てきている。「右翼や保守の言葉を復唱したって、別に俺達の貧しい生活が変わるわけじゃないだろう」と。それで今は少し左っぽい言葉が出てきていると思うけど、これを大塚英志は「マルクス主義なき左翼」と呼んでいる。そういう運動が今後どういう局面に行くのか、という話だと思うんですね。

小野　正確な文脈は分かりませんが、もし小熊英二が「終わりなきモグラ叩きは無意味だ」というようなことを断言しているとしたら、それこそがファシズムのようなものにも思える。現実にさまざまな行動を起こしていくと、さまざまな困難にぶつかって身体的にも意識的にも苛立ちを覚えたりするわけですが、そういう「モグラ叩き」のようなものかも知れない試行錯誤を「無意味」だと断定して、その困難を一気に乗り越えたいという観念的な苛立ちは危険なのではないでしょうか。運動の現実の中にある小さなことを軽視する議論は無力だと思います。

杉田　小さいＮＰＯ法人なんかでは、国の報酬単価が下がってくると、福祉経営しろって言われても自ずと限界があるので、結局人件費をカットするか職員数を減らすしかない。そういう状況がここ数年、繰り返し繰り返しあった。協同組合的に話し合って運営を決めていこう、という合議制を徹底してやったんですよ。会議の時間も凄く長くて。きついけど皆で一緒にやっていける状況をどうにかして探っていこうとした。でも、どうしてもすり合わせがうまくいかない。衝突や喧嘩も絶えない。うちらはＮＰＯ法人で厳密な協同組合ではないこともあったかもしれないけど、代表や理事長の権限がやっぱり最後にあるわけですね。小さい団体は元々代表のカリスマ性で成り立っているところが多いから。で、結局、多くのメンバーが疲弊して心が折れたわけですね。ぼろぼろになって。もうあとは代表的機関なり人物で決断的に決めて下さいって。むしろボトムアップでそうなっていくわけです。皆消耗していくし、日々の仕事も普通にありますからね。運動体だと、純粋に論争に没入できる時間的余裕があるかもしれないけど、事業体だとそうはいきませんから。この日々の疲弊の感覚から考えないと、暴力やファシズムの問題も本当に深いレベルでは考えられない気がする。

小野　僕たちｆｕｆはまだ十数人で顔が見える範囲でやっていますが、僕が「アナーキズム」という言葉で何かを考えるとしたら、それは集団性が全体化していくことへの警戒に関わると思います。集団的であることと個であることを往復するように動いていかないと危ない。「アナーキズム」という言葉の近傍にあるさまざまな思想には、集団と個の往復を考え続ける材料があると僕は思っています。全体主義や暴力などに接近する危うさを恐れるだけでは、思想は戦いであることを止めてしまうと思います。さきほど絓秀実さんについて、暴力に思想的に抗っていくために享楽というテーマがあるというような話でしたが、印象深いですね。超越的なものや大きな原理に依存したいというような欲望に引きずられないためのアナーキズム…、そういう強さは必要だろうと思う。

杉田　ぼくの働くＮＰＯ法人は、重症心身障害児者の家族の支援からはじまっています。日本の福祉は、家族介護を前提にしていますが、特に重症児には制度がほとんど届かないから、親に対する介護負担が凄く大きい。横塚晃一の『母よ！殺すな』（生活書院より二〇〇七年に復刊）という本がありますけど、障害者の親が叩かれてきた歴史でもある。殺す親、施設に入れる親、としてネガティヴなイメージを貼られてきた。横塚の本もそれに加担した部分がある。でも、親が自分の自由や生活のすべてを投げ出して介護を強いられてきた歴史が歴然とある。その中でも、もちろんすごくたくましく、自己肯定的に生きのびてきたので、「悲惨な家族」のイメージで塗りこめるのはすごく傲慢ですが。そういう障害者家族の生活を少しでも支えるというか、和らげるためにスタートした団体なんですね。

で、やっぱりさっきみたいにね、非常に理念と経営の狭間ですごくつらい状態が続いた時に、もし、他の障害者団体と横に繋がりがあって、その関係の中でやれたら、もう少し違う展望がひらけたんじゃないか、って今は思わないでもないんですよ。山城むつみが、憲法一条の天皇制条項を廃棄するには、国内でいくら憲法談義を続けてもダメで、在日朝鮮人との連合が必要だ、と言っていましたが、たとえばケア労働者や支援者の団体と障害当事者の団体が、仲良く連帯っていうんじゃなくて、あくまで敵対性をふくんだ異質な集団として、しかし同じ目的のために何ごとかをいっしょにやれるなら、それは凄く強くなるんじゃないか。これは障害者運動の側にも、同じことが言えたかもしれない。七〇年代半ばに、青い芝の障害者運動がそれこそ内ゲバや内部紛争などで行き詰まっていたんですけど、その時に健全者(介助者)との関係のとり方についての議論があった。介助者手足論もその時の文脈で出ていた(これは後に大きく誤解されていきますが)。横塚はたぶんその時、障害者がいろいろ運動を展開していくけど、健全者である介助者とも——敵対性は消せないけれども——どういう形でか共闘できなければ、自分達を追い込んでいく「健全者文明」を、本当の意味で破壊できない、と考えていたと思うんです。奇妙なことだけれども、構造的に自分達の敵であるはずの健全者といっしょにやっていかない限り、健全者文明を本当の意味で変えられない。そういう関係性がないと、疲弊した時に何か超越的なものに引っ張られてしまうし、個体性を持ちこたえられないんじゃないか。

集団の敵対性

小野　杉田さんの言う健全者と障害者の敵対性ってどういうものですか？　まだピンと来ないところがある。たとえば僕らの関係したことに引きつけて言えば、ある野宿者支援をやっているNPOの理事が、職員の首を平気で切ったことがあります。労働組合を通じてほんのわずかの待遇改善要求を出したことに対して、解雇というかたちで非常にわかりやすい反撃を加えてきた。野宿者支援のNPOをやっているような連中の雇用や労働問題に関する意識が、これほどまでに低いのはなぜなのかと思った。やはりその団体の活動には、「弱者救済」的な慈善活動の面ばかりが目だってしまっていたということがある。労働運動においてかつて野宿者の問題は、「反失業闘争」あるいは「日雇い労働運動」という文脈の中で語られたことがあったはずです。野宿者支援運動の中で語られる「仲間」という言葉も、そういう文脈で使われているのではないでしょうか。「野宿者」は本来自分たちと無縁な存在ではない、という当たり前のことがしばしば忘れられている。本来、「野宿者」とそれを支援する側に、敵対性や明確な線引きがあるべきなのだろうか…、ということに関係すると思うんですが。

杉田　そこには複雑な文脈があります。一九七〇年前後は、敵対性をいろいろなモードで露呈させてきた時代だと思うんです。ウーマンリブは男性と女性の間に、障害者解放運動は健全者と障害者の間に、敵対性のラインを引いた。もっとも、今の当事者にはその感覚はそれほど継承されず、集団じゃなくて「個人の生き方」の問題に切り詰められている。敵対性なんか別にない、人間関係も悪くなるしめんどくさい、という感覚が優勢かもしれない。でもたとえば、ぼくが、介助者として、ある脳性マヒ者の生活に深く関わるようになったとします。やがて関係がこじれたとする。その時、介助者は逃げられるわけです。別の人のヘルパーに入ればいいし、他の仕事に移ってもいい。でも、障害者は、身体そのものに拘束されているから、撤退可能性がない。もちろん、障害者の側からの暴力もあるし、介助者が精神的に逃げられなくされた挙句燃え尽きる、というパターンも絶えない。それでも、根本的な関係の非対称性は動かない。健全者と障害者の間には、和解できないクレヴァスがある。そういうところに徹底して拘ったんですね。

小野　たとえば、杉田さんの文章ではむしろ、個々の人間の無能力にはいわば無限のグラデーションのようなものがあることを批評の原理にしようとしていると思うんですが、そういう認識と今の集団間の敵対性の話はどう関わるんでしょう。

杉田　グラデーションといった時は、個人を個体化していく力だと思うんですよ。それは本質主義への批判ですよね。しかし同時に、社会的な関係性、関係の絶対性に否応なく規定されてくる側面がある。個人を個人としてみれば、「この人は健全者」とか「この人は障害者」という見方は溶けて消えていく。無限のグラデーションの違いがあるだけです。ただ、やっぱり社会的な関係性としてみた場合、関係的な敵対性は残る。その現実自体を消してしまうと、障害は個性だとか、健常者も障害者も同じ人間だからあとは個人の問題でしょ、という話に回収されてしまう。ただ、敵対性といっても、それは必ずしも否定的な意味だけではない。

小野　なるほど。非歴史的なものにしてはいけないということかな。資本制の中で資本と労働者の間にある敵対性も、まったくそういうものだと思う。

新たな連帯へ

大澤　今後のデモの展開についてですが、普通は、集団で同じ場所を共有して、そこに参加できる人で歩き続けていくという条件じゃないですか。でも、たとえば、デモの中心にパソコンを持ってきて、スカイプで全国各地と繋がり、別の場所からシュプレヒコールを上げたり、言いたいことを言う、ということもできるかもしれない。デモには参加できないんだけど、声のレベルでは参加していく。そういう方向はどうですか。デモにいろいろレイヤーを入れていく。それで社会全体に広げる。自分たちの地元のデモの時だけ、その場で叫ぶんじゃなくて。デモに参加していない人の声も、積極的にそこに入れていく。たとえば福岡のデモにはお金や時間がなくて行けないけど、関東にいながら、カラオケボックスかどこかに人を集めて（笑）、東京から応援の声をとどけるとか、そういう仕組みを作れないかなと思ったんです。

小野　ぼくの中ではもっと抽象的なことも考えているんです。たとえばいわゆる「2ちゃんねらー」なんかが「祭り」というのを起こすじゃないですか。最近では「テラ豚丼」ってあったでしょう。牛丼屋で働いているアルバイトが超大盛りの豚丼を作ってyoutubeで映像を流したら、それがバーっと広がって結果として会社が謝罪のコメントを出す事態にまでなった。あれを知人がブログで取り上げていて、バイトのやったことをある種の労働者の抵抗闘争としてとらえていた…かなり本気だと思うんですが。それを抵抗闘争と言えるかどうかはともかく、デモというのはデモンストレーション、すなわち示威行動の意味だから、社会へ向けて存在を示すという意味を広く取れば、そういう動きもあちこちで常に起きているわけですね。デモをめぐる想像力を限定しないならば、そういう騒ぎにも一種の「デモ」としての側面は考えられると思うんですね。

大澤　なるほどね。福岡でデモがありました、というローカリティに回収される話では終りにしない方法が何かないかな、とずっと思っていたんですけど。これも、今実際にスカイプで小野さんとこうして話しているから思いついたのかもしれません。それから、フリーターズフリーではネットラジオもできないかと考えています。

杉田　実際、福岡のデモはyoutubeやニコニコ動画にアップされていたでしょう。亡霊のように広がった、というか。それで初めてフリーターのデモの存在を知ったっていう人もいますよね。同時多発デモみたいのもあるんですか？

小野　まあメーデーなんて全世界でデモを同時にやるわけですからね。そういうのがもう少し…。

大澤　そういう形でもっと協力関係が作れないかな。ｆｕｆとフリーターズフリーの間にもね。我々にとって、労働組合を実際にやっている人々は、ある種の他者だと思う。フリーターズフリーは協同組合的な団体で、あえて労働組合的ではないところでやろうとしているから。

小野　労働組合と協同組合というのは常に仲が悪いようですけどね。ポイントの一つはやはり「個」と集団性あるいは社会との関係でしょうか。杉田さん大澤さんの思考には文学が基本にあると思うんですが、文学にとって「個」というのは基礎的な問題設定なのではないでしょうか。ある集団性を必要とする労働運動や直接行動は「文学」の他者だとも言えるかもしれないし、僕にとっては逆にいわゆる社会運動の中での「個」のあり方を探ることがアナーキズムのような何かとしてある。重なりあうものはあると思うんです。戦前戦後にかかわらず、広い意味での社会運動の中には労働運動と文学がお互いに緊張感をもって包摂されていたはずで、それ故の可能性があると思うんですが、さしあたり雑誌を通じて言論活動を展開しているフリーターズフリーとｆｕｆの対話の中に、何らかのかたちでそういう可能性が引き継がれることを期待したいと思います。

大澤　そうですね。今後ともよろしくお願いします。今日はありがとうございました。

あとがき

この本は、雑誌『フリーターズフリー』(二〇〇七年六月刊行)の創刊を記念して行われた連続イベントから二つのシンポジウムを選び、さらに、この本のために新たに行われた三つの討議を加え、一冊の単行本としてまとめたものです。

二〇〇七年は近年のフリーター運動においてきわめて記念的な年となりました。ここでメディアで大きく取り上げられた事柄だけでも駆け足で振り返ってみましょう。

まず、『論座』一月号(二〇〇六年一二月刊行)に赤木智弘さんの論文「「丸山眞男」をひっぱたきたい」が掲載され、さまざまなメディアで毀誉褒貶を含む多くの反響を巻き起こしました。四月には、フリーター全般労組の主催するデモ「自由と生存のメーデー07」が新宿で、五月には、フリーター/非正規雇用労働者ユニオンふくおかの主催するデモ「五月病祭」が福岡で、いずれも「プレカリアートのマリア」雨宮処凛さんの上げるシュプレヒコールに牽引され、過去最高の盛り上がりを見せました。六月には、グッドウィルがグッドウィルユニオンの交渉によりデータ装備費の天引き問題を認め、八月には、厚生労働省が初めて「ネットカフェ難民」の公式調査結果を報告しています。一一月には、首都圏青年ユニオンの川添誠さんとNPO法人自立生活サポートセンター・もやいの湯浅誠さんの呼びかけで、「休業補償・無利子貸付のための助け合いシステム」を謳う「反貧困たすけあいネットワーク」が結成され、一二月には、グッドウィルが違法派遣による営業停止処分を受けました。

こうして見ると、これまで「自己責任」「甘え」としてのみ語られてきたフリーター問題は、確実に、当事者たち自身の手によって次の局面に踏み込みつつあると言えます。現実を「心の問題」に回収しようとする世間の感覚を堪えに堪え、それを自らの暴力に無自覚な「制度の問題」として地道に抗議し続けてきた運動が、とうとう「これ以上もう我慢できない」と怒りの沸点を通過し、一気にエネルギーを放出し始めたのです。

わたしたち、有限責任事業組合フリーターズフリーは、たまたまそんなメモリアルな年に、念願のプロジェクトであった雑誌『フリーターズフリー』を創刊する機会に恵まれました。最初期のメンバーが集まったのは五年前。フリーター問題を軸に雑誌を作ることだけは決めたものの、たんに一特集としてではなく、それ自体が運動であり、かつ、不安定就労問題に対するオルタナティブ（代替案）でなければならない、というハードルは思いのほか高く、わたしたちの暗中模索はなんと五年もかかってしまいました。もはや時代遅れかもしれない、そんな気持ちで編集作業を進めていたわたしたちは、同じような志を持った人たちがこんなにも存在していたことに驚き戸惑いました。そして、それ以上に、先の見えない貧困が着実に、日本社会全体を侵食し始めていることに。

フリーターは社会構造によって生み出される。それがわたしたちの前提です。その構造とは「弱い者がさらに弱い者を叩く」ように強いられているシステム、ちょっと難しい言葉を使うと「資本主義」ということになります。そして、わたしたちは資本主義とは違う経済システム、弱い者がさらに弱い者を叩かないシステムの可能性を「協同事業」という働き方に見出しました。わたしたちが選択した「有限責任事業組合」という働き方は、組合員がお金を出し合い、自分たち自身がそこで働き、利益を自分たちで分ける、というシステムです。そこでは「誰かが誰かを使う」ことはありません。もちろん、理念的にはという留保が付きますし、それどころか現実には事業とは名ばかりで、一冊の本を自費で出しただけで、その赤字の回収で精一杯というのが実情です。

この本はそんなわたしたちが受注したはじめての仕事です。発行はフリーターズフリー本誌と同じ人文書院ですが、刊行形態はまったく違います。今回、わたしたちは企画の立案、スケジュール調整、討議、テープ起こし、原稿のまとめ、校正等を編集プロダクションとして請け負い、商品として原稿を納めるというかたちを取りました。その意味で、この本の刊行自体が、フリーターズフリーにとって新しい活動への第一歩と言えると思います。

とはいえ課題もいくつか残りました。予告していたイベントが中止になったり、開催されたイベントがこの本に収録されていない等、現時点で認識しているだけでも複数の問題があります。それらは今後の活動のなかで必ず明らかにすることを約束します。

収録された各討議について、最多参加者として覚書きを。

1　フリーターの「希望」は戦争か？

二〇〇七年六月八日。渋谷UPLINK FACTORY。雨宮さんがパーソナリティーを務めるインターネットラジオ、「オールニートニッポン」の公開放送の収録。『雨宮処凛の「オールニートニッポン」』（祥伝社新書）掲載バージョンに加筆したもの。でも活字化の依頼はこっちが先。対談前の杉田さんは「赤木さんと論争する」と言ってたが、トークは殺伐とすることもなく和やかに終了。当日持って行った『フリーターズフリー』五〇冊ほぼ完売。

2　この生きづらさをもう「ないこと」にしない

二〇〇七年六月二四日。立川オリオン書房ノルテ店。女三人に男一人というこの手のイベントとしては珍しい構成。オーディエンスも女性が多かった。さまざまな緊張を孕みつつ無事トーク終了、が、打ち上げの店をめぐって書店さんと軽くトラブル発生。根本的に自分たちが甘かった。その後、大澤・杉田は国立のフリースペース、「へーゼルナッツ・スタジオ」へ。終電までダベる。後にこの討議のまとめを巡って大澤・栗田間で論争勃発。

3　若者はなぜ「生きさせろ！」と叫ぶのか？

二〇〇七年七月二二日。喫茶室ルノアール・ニュー銀座店。神田三省堂のイベントが中止になり、でも、せっかく時間を調整したので決行。同日の六本木ヒルズでのデモに備え、自前の拡声器をチェックする雨宮さんに、失語する城さん。討議後フリーターズフリーメンバーもデモに参加。そこで栗田さんがヘラルド朝日労働組合の松元千枝さんに歴史的再会。松元さんには諸事情により本書未収録の池袋ジュンク堂のイベントにも来てもらった。

4　支援とは何か

二〇〇七年八月二四日。喫茶室ルノアール・西日暮里第一店。討議開始直後から生田さんが疲労困憊でコーヒーがぶ飲み。そういえばこの本、生田さんが参加してるのこれだけじゃん。座談会は笑いに満ちていた。悲惨な話ばかりなのに。「いちばんフリーターズフリーらしい座談会」とはこの場にいなかった杉田さんの弁。外に出ると土砂降りの雨。ちろるさん&そら豆さん自転車で帰宅。大阪の生田さん、鳥取の武田さん、山谷付近のドヤに向かう。

5　新たな連帯へ

二〇〇七年一二月二九日。スカイプ。録音は「超驚録」のデモ版使用。小野さんとは前に博多で大澤・杉田で会っている。ｆｕｆのメンバーと事務所でもつ鍋を食べたり、詩人の松本圭二さんと四人で屋台で飲んだ。ｆｕｆの雑多性と機動力はすごい。こういう団体が各地に出来れば運動のステージは変わるだろう。大澤・杉田はその足で岡山の鎌田哲哉さんと森谷めぐみさんに会いに。小野さんを教えてくれたのは鎌田さんだ。

それでは、最後になりましたが、この本に関わった方々への謝辞を。

まず、討議に参加して頂いた参加者諸氏に心より感謝します。みなさんのご協力のおかげで、かつてないフリーター論議が展開できたと組合員一同自負しております。それからイベントでお世話になった書店（員）さんにも感謝を。書店のバックアップがいかに売上を左右するか身に染みました。今後ともよろしくお願い申し上げます。デザイナーの戸塚泰雄さんにも感謝します。期待通り見事なデザイン、どうもありがとう。そして人文書院の松岡隆浩さん。イベントの手配、企画のサジェスチョン、原稿のチェック、その他諸々の雑務、本当にお疲れ様でした。この本を松岡さんの不払い労働に捧げます。

最後に、何より、この本を手にとってくれた読者のみなさんへ。

わたしたちはいくつかの取材を受けるなかで、大手メディアが、いまそこにある現実よりも、矮小化された「アングル」にこだわる事実を不思議かつ不審に思いました。どうも「大衆はわかりやすい話を求めている」という「配慮」みたいです。この本にはその種の「配慮」は一切ありません。この本は、当事者ないし当事者に近い人間が、現実をさらに前進させるために必要なことを遠慮なく語り合った、この時代の確かな記録です。

この本が、先の見えない毎日に疲れ、悩み、絶望しつつあるみなさんにとって、誰にも血と涙を流させないほんとうの武器となることを願って止みません。

有限責任事業組合フリーターズフリー
大澤　信亮

(共著、角川書店)、「コンプレックス・パーソンズ」(『重力02』)、「マンガ・イデオロギー」(『comic 新現実』)、「左翼のどこが間違っているのか?」(『ロスジェネ』vol. 1、近刊)など。 2007年、「宮澤賢治の暴力」で新潮新人賞受賞(評論部門)。

城繁幸(じょう・しげゆき)
1973年生れ。東大法学部卒業後、富士通に入社。現在、人事コンサルタント。著書に、『内側から見た富士通』(光文社ペーパーバックス)、『日本型「成果主義」の可能性』(東洋経済新報社)、『若者はなぜ3年で辞めるのか?』(光文社新書)、『3年で辞めた若者はどこへ行ったのか』(ちくま新書)など。

武田愛子
1986年生れ。現在、鳥取大学地域学部地域政策学科4回生。

ちろる
1982年生れ。野宿者運動に参加。日雇い派遣労働者。インタビュー「私は日雇い派遣しかできません(>△<) VIVA じぶん!!★」(『フリーターズフリー』1号、所収)。

そら豆
野宿者運動に参加。元野宿生活者。

生田武志(いくた・たけし)★
1964年生れ。野宿者支援活動、日雇い労働。著書に、『〈野宿者襲撃〉論』(人文書院)、『ルポ最底辺　不安定就労と野宿』(ちくま新書)。2000年、「つぎ合わせの器は、ナイフで切られた果物となりえるか?」で群像新人文学賞受賞(評論部門)。

小野俊彦(おの・としひこ)
1974年生れ。九州大学大学院比較社会文化学府博士課程単位取得退学。大学院では門司港の港湾労働史などを研究。現在、「フリーター/非正規雇用労働者ユニオンふくおか」執行委員長。

参加者紹介（登場順、★は編者［フリーターズフリー組合員］）

雨宮処凛（あまみや・かりん）
1975年生れ。愛国パンクバンド「維新赤誠塾」ボーカルを経て『生き地獄天国』（太田出版）で作家デビュー。著書に、『アトピーの女王』（太田出版）、『ともだち刑』（講談社）、『バンギャル　ア　ゴーゴー』（講談社）、『生きさせろ！　難民化する若者たち』（太田出版）、『右翼と左翼はどうちがう？』（河出書房新社）、『ワーキングプアの反撃』（共著、七つ森書館）、『雨宮処凛の「オールニートニッポン」』（祥伝社新書）、『プレカリアート』（洋泉社新書）、『全身当事者主義』（春秋社）など多数。

赤木智弘（あかぎ・ともひろ）
1975年生れ。専門学校卒業後、東京でしばらく生活した後に、実家に戻り、現在はフリーターとして働きながら、執筆活動を続けている。「丸山眞男をひっぱたきたい　31歳、フリーター。希望は、戦争。」（『論座』2007年１月号）が話題となる。著書に、『若者を見殺しにする国』（双風舎）。

杉田俊介（すぎた・しゅんすけ）★
1975年生れ。現在、障害者ヘルパー、ライター。著書に、『フリーターにとって「自由」とは何か』（人文書院）、『無能力批評』（大月書店、近刊）。

貴戸理恵（きど・りえ）
1978年生れ。東京大学大学院博士課程（社会学）を経て、現在、日本女子大学非常勤研究員。当事者の視点を重視しながら、子ども・若者と社会との繋がりについて考えている。著書に、『不登校は終わらない』（新曜社）、『不登校、選んだわけじゃないんだぜ！』（共著、理論社）、『コドモであり続けるためのスキル』（理論社）など。

栗田隆子（くりた・りゅうこ）★
1973年生れ。『子どもたちが語る登校拒否』（世織書房）に経験者として寄稿。学生時はシモーヌ・ヴェイユについて研究。ミニコミ・評論紙等において不登校・フェミニズムについての論考を発表。現在、国立保健医療科学院非常勤職員。

大澤信亮（おおさわ・のぶあき）★
1976年生れ。物書き・編集者。著書に、『「ジャパニメーション」はなぜ敗れるか』

フリーター論争2・0
――フリーターズフリー対談集
二〇〇八年 五 月 一 日　初版第一刷発行
二〇〇八年 五 月一〇日　初版第一刷発行
編　者　有限責任事業組合 フリーターズフリー
発行者　渡辺博史
発行所　人文書院
〒六一二-八四四七
京都市伏見区竹田西内畑町九
電話　〇七五（六〇三）一三四四
振替　〇一〇〇〇-八-一一〇三
印刷　創栄図書印刷株式会社
製本　坂井製本所
装丁　戸塚泰雄

JIMBUN SHOIN Printed in Japan
ISBN978-4-409-24078-6 C1036

フリーターにとって「自由」とは何か　杉田俊介著　一六〇〇円

私たちはもっと怒っていい。犀利な社会分析とともに、不安定労働の立場から自らの足元をも冷徹に検証し、熱を帯びた文体で新たな問いを切り拓いた話題作。

〈野宿者襲撃〉論　生田武志著　一八〇〇円

各地で頻発する少年らによる野宿者への集団暴行から捉える若者のいま。国家・社会・家族の変容とともに、子供たちの生の声を拾い一〇代の生を鮮烈に描き出す。

フリーターズフリー1号　一五〇〇円

有限責任事業組合フリーターズフリー編集・発行

働けといわないワーキングマガジン創刊！　多様な立場、多様なコンテンツで〝生〟を切り崩さない「仕事」を考える。年一回刊行予定。

（価格は税抜　二〇〇八年五月現在）